CRÍTICA À NORMALIZAÇÃO DA PSICANÁLISE

Coleção Clínica Psicanalítica
Títulos publicados

1. **Perversão**
   Flávio Carvalho Ferraz
2. **Psicossomática**
   Rubens Marcelo Volich
3. **Emergências Psiquiátricas**
   Alexandra Sterian
4. **Borderline**
   Mauro Hegenberg
5. **Depressão**
   Daniel Delouya
6. **Paranoia**
   Renata Udler Cromberg
7. **Psicopatia**
   Sidney Kiyoshi Shine
8. **Problemáticas da Identidade Sexual**
   José Carlos Garcia
9. **Anomia**
   Marilucia Melo Meireles
10. **Distúrbios do Sono**
    Nayra Cesaro Penha Ganhito
11. **Neurose Traumática**
    Myriam Uchitel
12. **Autismo**
    Ana Elizabeth Cavalcanti
    Paulina Schmidtbauer Rocha
13. **Esquizofrenia**
    Alexandra Sterian
14. **Morte**
    Maria Elisa Pessoa Labaki
15. **Cena Incestuosa**
    Renata Udler Cromberg
16. **Fobia**
    Aline Camargo Gurfinkel
17. **Estresse**
    Maria Auxiliadora de A. C. Arantes
    Maria José Femenias Vieira
18. **Normopatia**
    Flávio Carvalho Ferraz
19. **Hipocondria**
    Rubens Marcelo Volich
20. **Epistemopatia**
    Daniel Delouya
21. **Tatuagem e Marcas Corporais**
    Ana Costa
22. **Corpo**
    Maria Helena Fernandes
23. **Adoção**
    Gina Khafif Levinzon
24. **Transtornos da Excreção**
    Marcia Porto Ferreira
25. **Psicoterapia Breve**
    Mauro Hegenberg
26. **Infertilidade e Reprodução Assistida**
    Marina Ribeiro
27. **Histeria**
    Silvia Leonor Alonso
    Mario Pablo Fuks
28. **Ressentimento**
    Maria Rita Kehl
29. **Demências**
    Delia Catullo Goldfarb
30. **Violência**
    Maria Laurinda Ribeiro de Souza
31. **Clínica da Exclusão**
    Maria Cristina Poli
32. **Disfunções Sexuais**
    Cassandra Pereira França

33. **Tempo e Ato na Perversão**
Flávio Carvalho Ferraz

34. **Transtornos Alimentares**
Maria Helena Fernandes

35. **Psicoterapia de Casal**
Purificacion Barcia Gomes
Ieda Porchat

36. **Consultas Terapêuticas**
Maria Ivone Accioly Lins

37. **Neurose Obsessiva**
Rubia Delorenzo

38. **Adolescência**
Tiago Corbisier Matheus

39. **Complexo de Édipo**
Nora B. Susmanscky de Miguelez

40. **Trama do Olhar**
Edilene Freire de Queiroz

41. **Desafios para a Técnica Psicanalítica**
José Carlos Garcia

42. **Linguagens e Pensamento**
Nelson da Silva Junior

43. **Término de Análise**
Yeda Alcide Saigh

44. **Problemas de Linguagem**
Maria Laura Wey Märtz

45. **Desamparo**
Lucianne Sant'Anna de Menezes

46. **Transexualidades**
Paulo Roberto Ceccarelli

47. **Narcisismo e Vínculos**
Lucía Barbero Fuks

48. **Psicanálise da Família**
Belinda Mandelbaum

49. **Clínica do Trabalho**
Soraya Rodrigues Martins

50. **Transtornos de Pânico**
Luciana Oliveira dos Santos

51. **Escritos Metapsicológicos e Clínicos**
Ana Maria Sigal

52. **Famílias Monoparentais**
Lisette Weissmann

53. **Neurose e Não Neurose**
Marion Minerbo

54. **Amor e Fidelidade**
Gisela Haddad

55. **Acontecimento e Linguagem**
Alcimar Alves de Souza Lima

56. **Imitação**
Paulo de Carvalho Ribeiro e colaboradores

57. **O tempo, a escuta, o feminino**
Silvia Leonor Alonso

58. **Crise Pseudoepiléptica**
Berta Hoffmann Azevedo

59. **Violência e Masculinidade**
Susana Muszkat

60. **Entrevistas Preliminares em Psicanálise**
Fernando José Barbosa Rocha

61. **Ensaios Psicanalíticos**
Flávio Carvalho Ferraz

62. **Adicções**
Decio Gurfinkel

63. **Incestualidade**
Sonia Thorstensen

64. **Saúde do Trabalhador**
Carla Júlia Segre Faiman

65. **Transferência e Contratransferência**
Marion Minerbo

66. **Idealcoolismo**
Antonio Alves Xavier
Emir Tomazelli

67. **Tortura**
Maria Auxiliadora de Almeida Cunha Arantes

68. **Ecos da Clínica**
Isabel Mainetti de Vilutis

69. **Pós-Análise**
Yeda Alcide Saigh

70. **Clínica do Continente**
Beatriz Chacur Mano

71. **Inconsciente Social**
Carla Penna

72. **Psicanálise e Música**
Maria de Fátima Vicente

73. **Autorização e Angústia de Influência em Winnicott**
Wilson Franco

74. **Trabalho do Negativo**
Vera Lamanno-Adamo

75. **Crítica à Normalização da Psicanálise**
Mara Caffé

76. **Sintoma**
Maria Cristina Ocariz

COLEÇÃO CLÍNICA PSICANALÍTICA
Dirigida por Flávio Carvalho Ferraz

CRÍTICA À NORMALIZAÇÃO DA PSICANÁLISE

Mara Caffé

Casa do Psicólogo®
uma empresa PEARSON

Editor: *Ingo Bernd Güntert*
Coordenadora Editorial: *Marcela Roncalli*
Assistente Editorial: *Cíntia de Paula*
Produção Editorial: *Casa de Ideias*

Dados Internacionais de Catalogação na Publicação (CIP)
Angélica Ilacqua CRB-8/7057

Caffé, Mara

Crítica à normalização da psicanálise / Mara Caffé. – São Paulo: Casa do Psicólogo, 2014. – (Coleção clínica psicanalítica / dirigida por Flávio Carvalho Ferraz)

264 p.

Bibliografia

ISBN 978-85-8040-533-0

1. Psicanálise 2. Histeria 3. Epistemologia – Genealogia I. Ferraz, Flávio Carvalho II. Título III. Série.

14-0805 CDD 616.8917

Índices para catálogo sistemático:
1. Psicanálise

Impresso no Brasil
Printed in Brazil

Casapsi Livraria e Editora Ltda.
Av. Francisco Matarazzo, 1500 - Cj. 51
Edifício New York - Centro Empresarial Água Branca
Barra Funda - São Paulo/SP - CEP 05001-100
Tel. Fax: (11) 3672-1240
www.casadopsicologo.com.br

Sumário

Introdução 9

1. As produções coletivas sobre a histeria 13

2. A construção do caso clínico em psicanálise 55

3. A epistemologia e a genealogia no trabalho com as teorias psicanalíticas 101

4. O padre-nosso da psicanálise 137

5. A sessão de análise pela internet 165

6. A psicanálise no encontro com outras práticas institucionais 175

7. Análise de alguns procedimentos da psicanálise e do direito 203

8. Memória: a construção de uma narrativa 235

Introdução

Os três primeiros capítulos desta coletânea reúnem textos inéditos, e os outros cinco se referem a publicações anteriores. No conjunto dos trabalhos, procuro refletir sobre as condições atuais da psicanálise, estando atenta às práticas normalizadoras cujo resultado é a patologização das formas de subjetivação que não correspondem às normas sociais dominantes, reforçando, assim, uma homogeneização dos modos de vida. Nessa perspectiva, coloco em discussão os problemas e impasses do conceito de Édipo visto como parâmetro universal mantenedor da cultura, identificando os seus referentes masculinistas e a prática clínica conservadora que daí deriva. Endosso o seu entendimento como um modo de subjetivação referido a condições históricas e políticas bastante determináveis (Capítulos 1, 3 e 4).

Além disso, procuro pensar a psicanálise em contextos institucionais híbridos, nas situações em que esta se alia com outras práticas relativas à educação, à saúde e especialmente ao direito no âmbito judicial. Tais situações promovem um exercício interessante e desafiador, na medida em que descentram o analista de seu território originário, o consultório, demandando novas produções teóricas e modelos clínicos, convocando o método psicanalítico a trabalhar fora da zona de conforto (Capítulos 2, 6 e 7). Nesse último caso, discuto também a questão das sessões analíticas realizadas pela internet (Capítulo 5).

Na perspectiva de um estudo crítico, recorro frequentemente a autores de outras áreas do conhecimento, buscando referentes menos alinhados aos princípios da metafísica ocidental que marcam fortemente as teorias psicanalíticas, ao lado das suas contribuições revolucionárias à filosofia e às ciências modernas (Capítulos 3, 4 e 8). Desde Freud, a psicanálise parece assentar-se neste paradoxo, ou seja, na subversão e no reforço de parâmetros metafísicos e também masculinistas, de onde constitui seus piores sintomas e também o seu melhor potencial crítico. A tensão e os diferentes efeitos aí produzidos convocam a psicanálise atual a posicionar-se diante dos riscos e limites de suas práticas, reavendo a dimensão histórica e política nas produções teóricas e nos modelos clínicos vigentes. Para tanto, é fundamental o arejamento de nossas teorias a partir do diálogo com autores de diversos campos, abrindo os feudos institucionais da psicanálise ao pensamento contemporâneo.

A ideia desta coletânea se deu na ocasião em que já estava elaborando o texto referente ao terceiro capítulo. Decidi, então, escrever mais dois textos avulsos e compor a coletânea com alguns outros trabalhos publicados anteriormente, no período entre 1994 e 2012. A princípio, a escolha dos textos não foi guiada por um critério definido. Entretanto, uma vez reunidos, evidenciou-se, para mim, um conjunto de preocupações que se repete entre eles, constituindo um fundo comum. Finalizado o trabalho, notei que os capítulos 1, 2 e 3 são, por assim dizer, continuações dos capítulos 4, 6 e 7. Assim, a produção deste livro proporcionou-me um novo reconhecimento das questões que movem a minha escrita e prática clínica.

Agradeço as valiosas e inúmeras interlocuções teóricas, clínicas e políticas com os colegas do Departamento de Psicanálise do Instituto Sedes Sapientiae. Agradeço também o incentivo e o apoio do amigo Flávio Carvalho Ferraz para a publicação deste livro. E ainda, mais uma vez, ao meu companheiro Ricardo e aos filhos Juliana, Carolina e Pedro, pela presença amorosa e pela cumplicidade incondicionais.

1.

As produções coletivas sobre a histeria

As chamadas estruturas clínicas podem ser abordadas a partir de ângulos diferentes, conforme o plano dos atendimentos individuais, das produções artísticas ou das experiências coletivas no contexto grupal e social. Com respeito à histeria, por exemplo, Freud (1895; 1905) apresentou diversos casos clínicos, detalhando as histórias singulares de Elisabeth von R., Emmy von N., Katharina, Dora etc. Pensou também sobre a histeria masculina na análise da obra e da vida de Dostoiévski (Freud, 1928) e do pintor Christoph Haizmann (Freud, 1923), este último visto como um caso de loucura histérica. No texto sobre o pequeno Hans (Freud, 1909), apresentou uma fobia infantil, tida na categoria da histeria de angústia. Além disso, Freud refletiu sobre o efeito de contágio das crises histéricas entre moças em um internato, bem como sobre as identificações recíprocas presentes nos movimentos de massa, observando como certos fenômenos coletivos ganham o feitio das crises histéricas (Freud, 1921)[1]. Em psicanálise, esta composição de perspectivas não é acidental, pois refere-se às características do próprio trabalho clínico. O que permitiu a abordagem terapêutica revolucionária inaugurada por Freud na clínica individual com a histeria foi, dentre outras coisas, a sua fina interpretação sobre as condições da civilização em seu tempo histórico, identificando os processos relativos à construção da subjetividade. Passados os anos, e considerando que a obra freudiana é tão atual quanto datada, temos, hoje, outras condições históricas que exigem novas articulações à metapsicologia, conforme atesta a clínica contemporânea. Contamos, para isto, com as contribuições profícuas da história, sociologia, política, antropologia etc. Iniciando com uma delas, gostaria de abordar a histeria sob o ângulo das produções e manifestações coletivas.

A reprodução midiática da histeria

A historiadora e crítica literária norte-americana Elaine Showalter (2004) apresenta uma descrição minuciosa das diversas máquinas discursivas acionadas na propagação da histeria. Afirma que na sociedade ocidental contemporânea, a histeria retrata um fenômeno social de larga

[1] Para um quadro da teoria freudiana sobre histeria e algumas linhas gerais das contribuições psicanalíticas posteriores, ver Alonso, S. L. & Fuks, M. P. (2004).

escala, constituindo verdadeiras epidemias que tomam os movimentos de massa, cujo contágio se faz por meio de um complexo dispositivo midiático. As opiniões dos médicos, psicólogos, psicanalistas etc., conforme veiculadas em livros, revistas e debates televisivos têm o efeito não apenas de "esclarecer" e "orientar" a população, mas também de transmitir os comportamentos e a própria manifestação sintomática da histeria, dando-lhe precisamente o ensejo.

> As narrativas culturais de histeria, que eu chamo de *historias*, multiplicam-se depressa, sem controle, na era dos meios de comunicação de massa, telecomunicações e e-mail. [...] Essas *historias* estão se mesclando às paranoias mais generalizadas, manifestações de renascimento religioso, teorias conspiratórias tipicamente americanas [...] (Showalter, 2004, p. 20).

Showalter analisa a formação e a estrutura de algumas epidemias de histeria nos EUA, durante a década de 1990, também chamadas síndromes psicogênicas, por exemplo, fadiga crônica, síndrome da Guerra do Golfo, distúrbio de personalidade múltipla, bulimia e anorexia, dentre outras. Ela mostra como as reportagens jornalísticas, os rumores e boatos, a inadequação das autoridades políticas, os programas televisivos com especialistas e estudiosos do fenômeno, as peças de teatro, romances, biografias e filmes sobre o assunto, as práticas terapêuticas – a psicanálise, dentre elas –

enfim, como esse conjunto de dispositivos muito diferentes ocasionou a definição e a propagação das epidemias.

Segundo a autora, "As epidemias de histeria exigem no mínimo três ingredientes: médicos e teóricos entusiastas, pacientes vulneráveis e um ambiente cultural favorável" (Showalter, 2004, p. 35). Nenhum desses elementos constitui isoladamente uma epidemia histérica. Por exemplo, por mais divulgadas que sejam as teorias sobre os distúrbios, elas não produzem o efeito de um contágio psicogênico se não houver pacientes vulneráveis à persuasão dos seus argumentos, ou seja, pessoas que reconheçam nelas uma tipologia aos seus problemas e sintomas, conseguindo os benefícios de um diagnóstico que lhes confere, muitas vezes, uma identidade, um grupo de pertinência, uma rotina de vida e tratamento. E, ainda assim, a combinação desses dois elementos não basta para que uma epidemia se alastre. É necessário que haja um ambiente social propício.

> Num ambiente cultural que as apoia, depois de incorporadas às tendências predominantes da cultura popular, as síndromes histéricas multiplicam-se ao interagir com forças sociais como crenças religiosas, agendas políticas e surtos de pânico movidos a boatos (p. 38).

Quanto ao último aspecto, Showalter destaca a presença maciça de uma teoria conspiratória geral que perpassa especialmente a sociedade norte-americana e que influi no meio clínico, nos sistemas judiciais e de saúde mental.

A definição da histeria se mostra fugidia no decorrer dos tempos e dependente de muitos fatores que excedem os critérios de uma pretensa neutralidade científica. Assim, nos últimos anos, o diagnóstico de histeria desapareceu dos manuais de psiquiatria; seus sintomas foram repartidos e realocados em categorias distintas como neuroses de ansiedade, distúrbios de personalidade fronteiriça, depressão etc. E antes de ser um assunto da medicina e das práticas terapêuticas, a histeria atendia por outros nomes e pertencia a outros códigos dominantes, como à religião e ao sistema judicial durante a época da inquisição medieval europeia, no movimento de caça às bruxas. Aliás, não podemos pensar que todas essas manifestações dizem respeito à *mesma* coisa, ao que hoje podemos chamar de *histeria*. Entretanto, isso não inviabiliza que procuremos uma história a seu respeito, dispensando o critério de uma continuidade e coerência linear. Esta parece ser a perspectiva de Showalter, que não confina a histeria nos domínios exclusivos da psicanálise, da medicina ou de uma ciência histórica, abordando-a também como objeto da saúde pública, da política, do campo das tecnologias da comunicação etc.

Assim, por exemplo, a autora reflete sobre a anorexia e a bulimia enquanto epidemias histéricas modernas. Diversas causas e tratamentos lhes foram atribuídos por médicos e terapeutas, depois pelo movimento feminista e por outros grupos políticos, em uma profusão de enunciados que tiveram o efeito de uma grande publicidade, recrutando um enorme contingente de jovens para as suas fileiras.

> No fim da década de 1970, a anorexia ganhou vida social através de grupos de apoio, sessões de conversa nos dormitórios das universidades e aconselhamento universitário. Muitos dos grupos que debatiam o distúrbio alimentar assumiram posições feministas ao discutir as causas e os contextos do problema, procurando *reduzir* o peso da *responsabilidade* materna e individual e examinando as forças sociais que exigem magreza e passividade das mulheres. Ao mesmo tempo, escritoras e críticas literárias feministas interpretaram a anorexia como uma forma de protesto social, comparando-a às greves de fome feitas pelas sufragistas que iam para a prisão ou pelos terroristas do IRA. [...] Em consequência de toda esta atenção, a anorexia tornou-se epidêmica. Por volta de 1990, pesquisadores admitiram que a publicidade dada à anorexia e à bulimia estava produzindo uma leva secundária de pacientes e que também os homens estavam desenvolvendo distúrbios alimentares (*Op. cit.*, pp. 40-41, grifo meu).

Podemos observar a disputa acirrada entre diversos campos institucionais pela posse do objeto em questão, cada qual reivindicando a legitimidade de uma explicação. Além disso, há destaque para o uso político deliberado que é feito do fenômeno de acordo com os fins ideológicos partidários. Na citação anterior, o termo *responsabilidade* referido às causas maternas e individuais da anorexia e bulimia pode indicar uma torção capciosa dos sentidos de uma teoria. Vejamos: as causas maternas e individuais do problema se tornam as *responsabilidades* maternas e individuais, em um discurso político que trata de aferir responsabilidades com o intuito de ganhar a adesão política da população atingida pela epidemia. Assim, o discurso político partidário oferece a *redução* da *responsabilidade* às mães e indivíduos envolvidos mediante maior responsabilização das forças sociais que exigem magreza e passividade. Entretanto, levantando agora uma outra hipótese, o mesmo termo *responsabilidade* poderia indicar também uma análise crítica de aspectos das teorias psicológicas que desconsideram o peso das forças sociais na produção das anorexias e bulimias. De todo modo, tanto em uma hipótese como na outra, o que percebemos nessa citação é a profusão e diversidade de explicações, a disputa, entre elas, pela apropriação dos fenômenos implicados na anorexia e bulimia, seja para as finalidades do tratamento terapêutico, da produção teórica científica, da atuação político partidária, da criação literária, artística etc.

Porém, o que Showalter não considera é a possível relação entre essa disputa encarniçada, cujo efeito incide na própria produção de epidemias histéricas, e o modo econômico e social do sistema capitalista, em que o apelo estrutural ao consumo e a transformação de quaisquer bens em mercadoria fazem de todo movimento um negócio. Negócio que procura o lucro na exploração de condições humanas, sejam elas a força de trabalho ou o sofrimento psíquico; negócio que se institui na extração a todo custo da mais-valia. Esse modelo relacional vigora na política, na economia, nas universidades, nos laboratórios, nos atendimentos terapêuticos, na propaganda etc... e também na disputa acirrada entre instituições pela maior fatia nos negócios com a histeria. Assim, aquilo que a autora refere genericamente como o "ambiente cultural", na determinação das epidemias histéricas, merece ser reconhecido em um dos seus aspectos mais importantes, o ambiente cultural *do sistema capitalista*, cujas forças determinam modos específicos de contágio psicogênico com vistas à exploração – econômica, social, política, artística, psicológica etc. – de grandes contingentes populacionais. Dentre esses modos, destaca-se, por exemplo, a forte normalização das condutas humanas e a consequente patologização da sociedade, o que constitui um vasto mercado ávido pela "cura", do qual se serve inclusive a psicanálise. O contágio psicogênico não se dá diretamente pelo poder de difusão dos meios de comunicação de massa, mas é produzido no contexto das relações sociais *normalizadoras* em que estes se acham inseridos.

Assim, as soluções propostas por Showalter, ao que parece, não atingem os determinantes mais sérios do problema. Ela afirma, por exemplo, que a "redefinição da histeria como resposta humana universal ao conflito emocional é um meio melhor do que fugir, negar ou projetar suas realidades" (p. 35). E também adverte as autoridades políticas quanto ao modo como lidam com as histerias em massa a partir, por exemplo, de notícias equivocadas sobre vazamento de gases e tóxicos, doenças epidêmicas etc., sugerindo maior discrição nos procedimentos: "A reação das autoridades a esses incidentes e boatos é crucial. A situação foge depressa ao controle quando as ambulâncias chegam ao local com as sirenes ligadas, [e] as manchetes do dia seguinte são apavorantes..." (p. 42).

Ora, quanto à primeira proposta, uma redefinição da histeria poderia servir a tantos propósitos quantos forem os interesses institucionais em jogo, conforme tão bem demonstra a própria autora. Além disso, afirmar a histeria como resposta humana *universal* em relação ao conflito *emocional* implica uma diluição ou generalização extrema dos conflitos e paradoxos tão bem descritos pela própria autora na definição das epidemias psicogênicas. Em relação à segunda proposta, ou seja, à recomendação de maior discrição e tranquilidade às autoridades políticas que lidam com os surtos de massa, podemos presumir uma ingenuidade e uma simplicidade que não condiz com a descrição perspicaz da autora acerca do problema. A falta de maior reconhecimento dos determinantes capitalistas na produção das epidemias histéricas compromete, ao meu ver, a análise da autora, o que não invalida, entretanto, um dos maiores méritos do seu trabalho, qual seja, uma descrição substanciosa dos meios e agentes implicados na formação de epidemias histéricas nos EUA, durante os anos de 1990, com o esclarecimento de algumas de suas raízes na sociedade europeia em fins do século XIX.

E a participação da psicanálise?

Showalter observa que as apresentações científicas de Charcot, Freud e Lacan eram verdadeiros *shows* de retórica, o que contribuiu para a reprodução social da histeria. Algumas pacientes de Charcot

> [...] se tornaram estrelas de suas palestras públicas e supermodelos de seus álbuns de fotos. Blanche Wittman, conhecida como a Rainha das Histéricas, e Augustine, que mais tarde se tornou a vedete dos surrealistas, estavam entre as mais famosas [...] As imagens de Charcot que retratavam mulheres histéricas inspiraram romances e peças teatrais, que por sua vez influenciaram o imaginário popular a respeito dos transes histéricos (*Op. cit.*, pp. 56-57).

Constam, na época, situações em que modelos eram hipnotizadas para posarem durante horas nos ateliês de arte, o que inspirou o conhecido romance *Trilby*, de George du

Maurier, depois encenado em peça teatral que se tornou famosa. Showalter relata um acontecimento no ateliê de Gérome Constant, onde uma conhecida modelo, Elise Duval, ficou hipnotizada por quatro horas e acordou do transe em péssimo estado, escândalo que acarretou o fechamento do ateliê por um mês. Já Freud imortalizou Dora, a *petite hystérie* com seus sintomas menos espetaculares, mais audíveis no ambiente intimista do consultório privado, amplamente divulgada através da publicação escrita do caso que se tornou célebre na psicanálise.

Podemos supor, entretanto, que a participação da psicanálise no engendramento das epidemias histéricas não se dê apenas a partir do alarde de nossas teorias, promovido pelo carisma de alguns autores e pela divulgação nos meios editoriais e de comunicação de massa, conforme a descrição de Showalter. Afinal, a propaganda teórica não se produz apenas por meio da grande mídia, mas também na célula de cada tratamento, de cada análise, a partir da abordagem psicanalítica que inclui, fundamentalmente, as noções da teoria psicanalítica. Enfim, a metapsicologia com a qual operamos não pertence ao céu metafísico, abstrato e neutro das teorias, mas se produz concreta e materialmente no corpo e nos sentidos semânticos que imprimimos, analistas e analisandos, às nossas experiências transferenciais. Assim, *é também no plano dos próprios conceitos que os modos de reprodução da histeria podem atuar*, conceitos que armam a prática clínica em um sentido bastante vigoroso.

Além disso, considerando que a teoria não é uma realidade estática, a escrita literal de alguns dos seus enunciados pode se manter intacta no passar dos anos, mas os sentidos se alteram permanentemente, conforme os dispositivos sociais e históricos em jogo na sua interpretação. Quando lemos hoje, nos textos de Freud, os conceitos de sexualidade, pulsão e inconsciente, os sentidos que emergem não coincidem com aqueles referidos aos primórdios da psicanálise. Lemos Freud através dos autores que o sucederam, cujas interpretações se ligam às condições dos seus respectivos lugares e tempos históricos, referidas a novas problemáticas clínicas. Os sentidos de uma teoria se constroem nessas injunções, como também se perdem em razão delas. No que se refere ao conceito de sexualidade, vimos proliferar sentidos diversos e contraditórios no decorrer da história.

Pensemos, por exemplo, na noção freudiana do Édipo. Os seus primeiros enunciados não ficam incólumes aos efeitos da entrada da mulher no mercado de trabalho e na esfera política durante o século XX, à experiência social do movimento político feminista e dos homossexuais, bem como à crise dos referentes metafísicos do falocentrismo e do dualismo masculino/feminino. Apesar da própria obra freudiana conter outros paradigmas não redutíveis ao eixo fálico-edípico, como aqueles referentes à feminilidade, ao desamparo e às intensidades pulsionais desligadas das representações, ainda assim, são incontornáveis os problemas e impasses trazidos pelo conceito de Édipo, tão central na abordagem psicanalítica da sexualidade e da histeria.

O Édipo na berlinda

Temos, por exemplo, a hipótese de que o próprio conceito de Édipo participe da ampla feminização da histeria. Como se sabe, Freud iniciou a psicanálise com a afirmação, escandalosa na época, de que não apenas as mulheres poderiam sofrer de histeria, mas também os homens, conforme já afirmara Charcot. A universalização da histeria foi um fator essencial ao próprio surgimento da psicanálise. Entretanto, esta colaborou para que a histeria masculina fosse novamente recoberta.

Juliet Mitchell (2006) apresenta considerações interessantes a esse respeito. Em seu livro *Loucos e medusas*, menciona os obstáculos criados pelo conceito de Édipo e de relações pré-edípicas, à medida que iluminam os relacionamentos verticais entre pais e filhos, deixando na sombra os relacionamentos laterais entre irmãos, colegas, cônjuges etc., fundamentais ao entendimento sobre a histeria. Diz a autora:

> Proponho inverter o ordenamento psicanalítico aceito, que leva do complexo de Édipo aos irmãos, e em vez disso sugerir que é a percepção inicial da presença dos irmãos [percepção que acontece em um momento de certa maturidade, tendo já a criança uma relação de

> prazeres e perigos com os irmãos] que produz uma situação psicossocial catastrófica de desalojamento. Isso, por sua vez, deflagra uma regressão aos relacionamentos parentais anteriores que, até esse momento, estavam sem suas implicações psíquicas. Lançado de volta à primeira infância como defesa contra o desalojamento, o relacionamento com os pais torna-se completamente edipiano (pp. 40-41).

O que está na base da histeria é a percepção de que não se é único, ou seja, é a experiência de um desalojamento traumático que conduz a uma regressão aos estágios edipianos e pré-edipianos. Portanto, a ambivalência amor/ódio em jogo na histeria é, fundamentalmente, aquela referida à relação com os irmãos e seus equivalentes.

É importante dizer que as críticas de Mitchell ao Édipo não implicam o seu abandono. Ela não propõe "[...] que o eixo lateral deva substituir o vertical, mas que sejam levados a uma conjunção" (p. 11). Nessa conjunção, por exemplo, a cena primária pode ser vista de outro modo:

> A cena primária é uma imagem perfeita da ausência originária do sujeito no próprio lugar onde começa a existir – não estamos presentes em nossa própria concepção. No entanto, é a catástrofe do desalojamento pelo irmão [ou seu equivalente nas relações horizontais] que ocasiona a percepção imaginária retrospectiva deste evento

> "inimaginável". A histeria proclama este desalojamento, esta ausência do sujeito (p. 43).

Além disso, para Mitchell, alinhada à opinião de diversos autores[2], não é difícil identificar no Édipo freudiano a marca da hegemonia masculina ocidental, que justifica a relação de verticalidade e domínio dos homens sobre as mulheres a partir da noção de castração. Como se sabe, para Freud, a castração simbólica seria uma atribuição do pai na separação – necessária e civilizadora – da mãe em relação aos filhos. A afirmação freudiana de que a mulher teria um superego mais frouxo também reafirma a superioridade masculina. Trata-se, evidentemente, de efeitos ideológicos que não se revelam como tal no plano epistemológico da teoria. Desse modo, o eixo da verticalidade no Édipo não se refere *apenas* à diferença entre gerações – pais e filhos – e sim *também* às relações entre homens e mulheres pautadas na supremacia masculina. A autora demonstra que as explicações psicanalíticas clássicas reforçam a ligação cada vez mais indissociável da histeria à mulher, de tal sorte que esse elo permanece mesmo quando se trata da histeria masculina. Assim, "Sem um eixo lateral na teoria, não há lugar nela para que o homem histérico possa residir, exceto no lugar da mulher: na teoria e na prática psicanalíticas generalizadas ele é, portanto, feminino ou homossexual" (p. 398).

2 Ver nota 4, logo adiante.

A situação das guerras mundiais dificultou o ocultamento da histeria masculina com a evidência de um grande contingente de neuróticos de guerra, homens que apresentavam sintomas em muito aparentados aos das mulheres histéricas. Porém, para eles, não coube a etiqueta de histeria, uma vez que a cultura ocidental masculinista tende a soldá-la na mulher, remetendo ambas à posição de insuficiência[3]. Assim, há muitos séculos,

> [...] outras categorias são usadas para encapsular a histeria aguda e suas vítimas do sexo masculino: melancolia e hipocondria no século XVII; esquizofrenia na virada do século XIX; neurose traumática e depois "fronteiriço" após as duas guerras mundiais do século XX (*Op. cit.*, p. 387).

Segundo Mitchell, outro elemento frequentemente velado nas teorias psicanalíticas e nos atendimentos clínicos é o papel da pulsão de morte na constituição da histeria, o que silencia sobre a sua face violenta, identificando-a apenas no campo da sexualidade. Considerando mais uma vez a situação dos homens na guerra, a autora afirma que o impacto do rompimento do tabu contra o assassinato é mais evidente do que a corrente homossexual que seria instigada na convivência intensa e exclusiva entre pares do mesmo sexo, o que traz as questões relativas à pulsão de morte – e não à sexualidade –

[3] Ideia compartilhada por Showalter (2004).

para o primeiro plano. O ódio e o assassinato nas guerras evocam as experiências da lateralidade entre irmãos em suas rivalidades próprias, o que não se explica completa e dominantemente pelo eixo da verticalidade, o eixo edípico. Em uma manobra forçada, sem o aporte a uma teoria da lateralidade, esses homens foram empurrados para fora das fileiras da histeria e considerados, primeiramente por Freud, na categoria das neuroses traumáticas. Eis o grande retorno da psicanálise ao processo de feminização da histeria.

Assim, em 1920, Freud apresenta a importante noção de pulsão de morte, retomando a teoria do trauma, deixada de escanteio em 1897 em favor da teoria da sedução, e ao mesmo tempo opera a supressão da histeria masculina, na medida em que a "esconde" na categoria das neuroses traumáticas. Segundo Mitchell, o que determinou tal ocultamento foi o não reconhecimento da pulsão de morte e das relações laterais na etiologia da histeria. Ocorre que a supressão da histeria masculina teria acarretado a supressão de toda a histeria, desconstruindo-se, assim, uma articulação presente na fundação da psicanálise, qual seja, a inclusão, nessa categoria, de homens e mulheres. Temos aí a colaboração psicanalítica ao relativo desaparecimento dessa categoria na clínica contemporânea.

Entretanto, o que desapareceu foi a histeria considerada uma categoria nosográfica, um estado mórbido. Em seu lugar, surgiram características isoladas ou comportamentos conforme descritos, por exemplo, nos manuais psiquiátricos. Não há mais uma situação relacional complexa a ser entendida, mas comportamentos a serem observados. Atualmente,

> A histeria não é mais uma doença, é um modo de comportamento e uma história de vida... Esta troca pode ter permitido à histeria desaparecer na comunidade, apresentando-se como "histórias", comportamento histriônico, fúrias selvagens, mentiras compulsivas, hábitos agressivos e assim por diante [...] [e] [...] suas dimensões mais obviamente "loucas" foram recategorizadas como novas doenças isoladas (*Op. cit.*, p. 35).

Vemos, aqui, uma conexão com as ideias de Showalter, que apresenta as *historias* enquanto narrativas coletivas modernas da histeria, mencionando também o seu sumiço da clínica contemporânea. Mitchell afirma que ambos os fatores estariam ligados fundamentalmente ao ensurdecimento da psicanálise com respeito a histeria (dentre outras coisas), ao passo que, segundo ela, Showalter os atribuiria apenas a uma propriedade plástica da própria histeria, que muda constantemente de forma e de lugar[4]. Para a primeira, "[...] a histeria no Ocidente [e no século XX] 'desapareceu' especificamente em seu tratamento psicanalítico" (p. 159).

Outro estudo interessante é o de Regina Neri (2005). Ela enfatiza que a histeria feminina na Europa do século XIX

4 Ver Mitchell (2006, p. 158 e 159).

expressa não apenas a condição social submissa da mulher, como também uma ruptura com essa condição. Nesse sentido, é fundamental

> [...] associar a crise da cartografia clássica dos modos de subjetivação que marca a modernidade à conquista feminina do espaço político social, já que a desconstrução da máquina binária está estreitamente articulada à crise da hegemonia do masculino na cultura. O feminino, ao emergir como outro no espaço social, configura-se como alavanca de uma cultura da diferença e da singularidade (p. 269).

Como Mitchell, Neri observa que Freud reconheceu as novas configurações do feminino e, de modo contraditório, também reafirmou a posição masculina como hegemônica. Essa dualidade se reproduz constantemente na psicanálise, originando práticas clínicas com finalidades muito distintas, ora na linha do conservadorismo, ora em direções mais progressistas.

O pensamento de Neri é interessante na medida em que insiste no desligamento da histeria de uma condição exclusivamente patológica, apontando a sua dimensão de conflito criador e de crítica a um modelo de feminilidade, construindo novos arranjos e vias de sublimação no campo da arte, da dança, do teatro etc. Nessa perspectiva, a crise histérica não é apenas sintoma de uma neurose e um mal que acomete a mulher vítima da cultura, mas se transforma em expressão sublimada do feminino nos passos de Isadora Duncan, nas obras de Lygia Clark e Frida Kahlo, nas esculturas de N. de Saint-Phalle etc. Com a histeria, nascem outros destinos para o erotismo da mulher na esfera pública e privada.

A autora defende a clínica psicanalítica como forma política de resistência aos processos normalizadores da cultura que visam à homogeneização dos modos de subjetivação. Caberia à psicanálise, portanto, reconhecer as diferentes formas do viver que não se conjugam apenas ao binário feminino-masculino. Citando Judith Butler, Neri reforça a ideia do Édipo como dispositivo da heterossexualidade compulsória no Ocidente, cuja finalidade é o recalque das múltiplas possibilidades de gênero que não se regulam necessariamente pela filiação e pelo casamento. Diante das novas identidades de gênero e das práticas crescentes de metamorfoses do corpo, Neri se pergunta:

> Estaríamos hoje diante de uma ameaça ao simbólico ou frente a novas formas de sexualidade e de laços sociais que colocam em questão a concepção do simbólico na psicanálise enquanto referida a hipótese repressiva do poder e pensada em termos de uma lei universal do desejo? A teoria da subjetivação e da sexualidade ordenada pelo complexo de Édipo e de castração se configura como um postulado universal ou diria respeito a uma forma de subjetivação produzida pela modernidade? (*Op. cit.*, pp. 270-271)

*****

Procurei reunir, a partir de Showalter, Mitchell e Neri, algumas ideias acerca das produções coletivas sobre a histeria e algumas de suas manifestações. Nesses estudos, a escala ampliada da tópica social nos oferece um ângulo de observação diferente em relação aos atendimentos clínicos individuais, mostrando-se mais favorável quando se trata de acompanhar as construções históricas e políticas sobre a histeria. Ao mesmo tempo, esse ângulo de observação também pode ser obtido a partir dos atendimentos individuais. De certo modo, trata-se menos do lugar em que empreendemos a pesquisa e mais das lentes ou da metodologia que utilizamos. Disse "de certo modo", pois é claro que a diferença entre os ângulos conta. De qualquer forma, a histeria exige ser pensada sob esses diferentes prismas e, em se tratando da psicanálise, não podemos prescindir de nenhum deles.

Observamos, então, alguns modos pelos quais a psicanálise determina, ela mesma, as (des)construções coletivas sobre a histeria. De acordo com Showalter, através da propaganda midiática de nossas teorias e oferta de um espaço/acolhimento clínico que acabam por divulgar a sintomatologia histérica, dando-lhe reconhecimento, identidade, tratamento e até mesmo o ensejo. De acordo com Mitchell, através da supressão da histeria masculina e, com isso, a supressão de toda a histeria da clínica contemporânea, a partir de determinados operadores teórico-clínicos. E, por fim, de acordo com Neri, através de práticas clínicas normalizadoras que promovem a ampla patologização do social, ocultando e despotencializando os efeitos criadores da histeria.

Tanto Mitchell quanto Neri atribuem esses efeitos, em parte, às montagens da própria teoria psicanalítica. Dentre elas: 1) o reconhecimento da histeria exclusivamente no campo da sexualidade, desconsiderando a sua face violenta pela ação da pulsão de morte; 2) a utilização exclusiva e acrítica do conceito de Édipo, que reitera o eixo da verticalidade em detrimento do eixo da lateralidade nos processos de subjetivação humana, operando a feminização da histeria e o seu reverso, ou seja, a supressão da histeria masculina; e 3) a adoção de um referente teórico-clínico que endossa o padrão heterossexual normativo e a hegemonia do masculino na cultura, bem como a ideia de uma lei universal do desejo que ordenaria o campo das sexualidades.

Essas considerações problematizam, mais uma vez (e sempre...), o conceito de Édipo. Podemos concluir que a própria psicanálise determina o ocultamento e/ou a reprodução coletiva da histeria, a partir de teorias que, saibamos ou não, militam nossas posições políticas no campo social maior tanto quanto no artesanato de cada atendimento individual.

Como seguir com os impasses?

Penso que é tão importante conhecermos as críticas ao conceito de Édipo[5] quanto nos posicionarmos em relação a elas. No conjunto, essas críticas constituem um referente fundamental ao trabalho com as teorias psicanalíticas, bem como um analisador das práticas clínico-políticas que produzimos em nossa área. Este me parece o sentido mais importante do recurso ao Édipo, qual seja, a sua tomada crítica, pois ela faz trabalhar as grandes contradições e impasses da psicanálise, convocando a história e a política para o primeiro plano das reflexões. Tal estratégia permite situar a psicanálise como produção datada, reconhecê-la nas questões ideológico-políticas do seu tempo e atualizá-la no diálogo com outras disciplinas que ofereçam repertórios menos alinhados aos princípios da metafísica ocidental[6]. Conforme a metodologia de trabalho, o próprio conceito de Édipo engendra a sua crítica, ainda que não sozinho, e pelo

---

5 Muitos autores se dedicaram a isso. Dentre eles, gostaria de citar Gilles Deleuze & Félix Guatarri (2010), em *O anti-Édipo* (publicado pela primeira vez em 1972), e mais recentemente Michel Tort (2008), com o livro *Fin del dogma paterno*. Trata-se de duas pesquisas extensas e consagradas sobre o assunto. Aprecio também o trabalho de Judith Butler, a ser mencionado adiante. Dentre os autores brasileiros, temos Márcia Arán, Joel Birman, Silvia Nunes, Regina Neri, Patrícia Porchat, Nora Beatriz S. de Miguelez e muitos outros. No campo da filosofia, destacam-se os trabalhos de Michel Foucault e Jacques Derrida, tecendo importantes críticas à psicanálise.

6 Refleti sobre isto no texto "O padre-nosso da psicanálise" (Caffé, 2012), também publicado neste livro.

caminho que, mais uma vez, nos conduz a Freud, embora não apenas a ele.

A obra freudiana tem paradigmas contraditórios e descontínuos. Oferece-nos tanto o eixo fálico-edípico, que se reporta a um simbólico universal referido à hegemonia masculina ocidental, quanto o eixo da feminilidade-desamparo, referido à crise, na cultura, do parâmetro masculinista. Porém, a obra não resiste a que se dispense um dos eixos, ficando-se com o outro. A tensão entre esses diferentes eixos, que não é apenas de *oposição*, é justamente o que opera a força e o caráter crítico da teoria e da prática freudiana. Ou seja, a tensão entre esses eixos é operativa, constitutiva, e não um mal a ser erradicado. Se a psicanálise vai muito longe, ainda, nessa condição em função dos novos tempos, isso é outra coisa. De toda forma, atualmente, não me parece possível decretarmos a dissolução teórico-clínica do conceito de Édipo, pois este indica processos vigentes em nossa sociedade, ainda que não exclusivos, e também porque nele avança e resiste a noção freudiana de sexualidade, nos seus aspectos subversivos e conservadores. Mas não somente isso. O modo como esses aspectos se estruturam no interior da obra freudiana é decisivo, resultando mais em paradoxos do que em simples contradições. Essa usina de tensões é o que justifica a pertinência e a atualidade do texto freudiano. A sua força não está em seus dogmas, mas nas tensões, impasses e paradoxos que movimentam o pensamento. Operar nessas condições, entretanto, nos impõe a renúncia às "soluções", ao "pegar ou largar" esse ou aquele conceito, suscitando a angústia que isso mobiliza. Muitas vezes, para evitar a paralisia ou a repetição estéril das teorias dos mestres, respostas nada incomuns nessa situação, resta-nos ainda a errância, o errar pelos caminhos ou errar os caminhos. E este não é um aspecto intrínseco ao lugar do analista?

Um aspecto, certamente. Mas não o único. De todo modo, não estamos sem qualquer referência e destinados ao relativismo absoluto. Podemos pensar que uma coisa é tomar o Édipo como o parâmetro universal responsável pela fundação e manutenção da cultura, e outra coisa é tomá-lo como uma forma de subjetivação em vigência no Ocidente. A segunda perspectiva possibilita uma leitura crítica e uma posição clínica favoráveis ao reconhecimento de novas formas de subjetivação, vistas como diferenças não redutíveis ao eixo fálico-edípico e ao binômio masculino/feminino.

Mesmo esta segunda perspectiva, porém, não "resolve" os grandes impasses, nem apazigua a tensão no campo da psicanálise. Pois em torno dessa forma de subjetivação em vigência no Ocidente se dá uma luta de poder que em muito transcende o campo da psicanálise, e que retorna a ela, no interior do conceito psicanalítico de Édipo! Enfim, os problemas com esse conceito não se resolvem no campo exclusivo da psicanálise e no plano intelectivo e racional das teorias, com erudição e raciocínios bem encaminhados. Os seus problemas e soluções se formulam na tópica social e no campo da política. Tópica que não é estranha à subjetividade e à singularidade com as quais trabalhamos, longe disso: está no próprio âmago do que emerge *como* singularidade no campo específico da clínica psicanalítica. Nessa perspectiva, mesmo quando voltada ao atendimento individual, a clínica se constitui como prática política no campo social por meio, por exemplo, dos atos interpretativos que dirigem *mutuamente* analisandos e analistas (e não só dos analistas para os analisandos); dos conceitos teórico-clínicos que formulamos coletivamente; do reconhecimento ou recalque/recusa de novos modos de subjetivação; da nossa resistência ou apoio à normalização e consequente patologização do social etc.

Em tudo isso é fundamental a escolha pelas posições teóricas não dogmáticas e, como consequência, o reconhecimento das profundas dualidades e contradições que marcam a prática psicanalítica contemporânea. E, por fim, embora não menos importante, é preciso tomar posições, escolher direções mesmo quando o terreno se mostre tão incerto.

A noção de gênero

Gostaria de mencionar um conceito/ferramenta que tem se mostrado muito útil em nossa área, possibilitando encaminhamentos promissores aos problemas apontados neste texto. Um dos seus resultados mais importantes é carregar o cenário social para dentro dos consultórios dos analistas e para dentro da metapsicologia de modo bastante novo, abrindo o ângulo das produções coletivas ao trabalho clínico. Trata-se da noção de gênero, que amplia e faz trabalhar os conceitos de sexualidade.

O termo gênero aparece em diversas áreas do conhecimento, como a antropologia, sociologia, história, psicologia etc., com definições distintas conforme a especificidade de cada área. Traz fortemente os sentidos políticos advindos dos movimentos feministas, que produziram teorias consistentes a seu respeito. Essa pluridetermínação histórica da noção de gênero acarreta a densidade e a polifonia do termo, sua riqueza e complexidade, e também os problemas quando se trata de importá-lo a um campo determinado. Na psicanálise, o seu ingresso se mostrou tão promissor quanto polêmico. Paulo Roberto Ceccarelli, em *Psicanálise, sexo e gênero: algumas reflexões* (2010), apresenta um quadro sucinto das origens e história do conceito; sua introdução na psicanálise por meio dos estudos de Stoller; os entendimentos e polêmicas que têm promovido; a crítica e oposição à sua utilização pela escola lacaniana; a contribuição para as pesquisas sobre transexualidade etc. A crescente presença, em nossos estudos, da noção de gênero favorece a politização da clínica e da teoria psicanalítica. Além disso, podemos pensar que a própria noção de gênero vem ganhando aportes significativos da psicanálise justamente pelo caminho dos nossos estudos críticos sobre o Édipo. Nessa linha, um texto abrangente e rigoroso é o de Márcia Arán (2009), intitulado "A psicanálise e o dispositivo diferença sexual".

Entretanto, as distinções e sobreposições entre gênero, sexo e sexualidade, na psicanálise, também apresentam problemas, pois, no meu entender, não integram facilmente o tema das pulsões, noção central na teoria freudiana da sexualidade e estranha aos primeiros estudos sobre o gênero. Nesse sentido, Judith Butler (2007) propõe encaminhamentos interessantes:

> [o sexo] não é um simples fato ou a condição estática de um corpo, mas um processo pelo qual as normas regulatórias materializam o "sexo" e produzem essa materialização através de uma reiteração forçada destas normas. O fato de que essa reiteração seja necessária é um sinal de que a materialização não é nunca totalmente completa, que os corpos não se conformam, nunca, completamente, às normas pelas quais sua materialização é imposta. Na verdade, são as instabilidades, as possibilidades de rematerialização, abertas por esse processo, que marcam um domínio no qual a força da lei regulatória pode se voltar contra ela mesma para gerar rearticulações que colocam em questão a força hegemônica daquela mesma lei regulatória (p. 154).

Assim, o sexo e as sexualidades não são definidos exclusivamente no campo do discurso. Ou seja, "[...] afirmar que as diferenças sexuais são indissociáveis de uma demarcação discursiva não é a mesma coisa que afirmar que o discurso causa a diferença sexual" (p. 153).

Para a autora, consequentemente, as normas regulatórias do sexo operam de modo performático, ou seja, a partir de atos ou práticas discursivas que produzem concretamente aquilo mesmo que enunciam, tendo em vista a dimensão pragmática da linguagem. O gênero decorre de uma repetição estilizada de atos.

> Essa formulação tira a concepção do gênero do solo de um modelo substancial da identidade, deslocando-a para um outro que requer concebê-lo como uma *temporalidade social* constituída... se o gênero é instituído mediante atos internamente descontínuos, então a *aparência de substância* é precisamente isso, uma identidade construída, uma realização *performativa* em que a plateia social mundana, incluindo os próprios autores, passa a acreditar, exercendo-a sob a forma de uma crença... a identidade de gênero é a repetição estilizada de atos ao longo do tempo, e não uma identidade aparentemente sem suturas [...] (Butler, 2003, pp. 200-201).

Desse modo, o gênero é uma *performance* social e não a expressão de uma identidade fixa. É nesse sentido que Butler afirma que o gênero é performativo, e não expressivo. Se não há identidades fixas e substancializadas quanto aos gêneros, daí decorre que a sua produção deva ser reiterada continuamente, nunca se estabilizando, sendo por esse motivo que os corpos não se conformam completamente às normas regulatórias do sexo. Eis a abertura para a noção psicanalítica de pulsão, uma vez que o gênero, para a autora, não se confina exclusivamente ao campo representacional do discurso e à racionalidade do poder.

Nesse quadro de referências, Butler questiona as distinções entre sexo e gênero. Para ela, o sexo não é um dado biológico corporal no qual se apoiam os gêneros enquanto construções culturais, ou seja, o corpo não é uma superfície pré-discursiva anterior ao gênero, e que o recebe em um segundo momento. A autora rejeita o postulado de que o sexo está para a natureza assim como o gênero para a cultura, procurando outras formas de vincular, de acordo com suas palavras, a materialidade do corpo com a performatividade do gênero. Conclui: "[...] talvez o próprio construto chamado 'sexo' seja tão culturalmente construído quanto o gênero; a rigor, talvez, o sexo sempre tenha sido o gênero, de tal forma que a distinção entre sexo e gênero revela-se absolutamente nenhuma" (p. 25). Nessa esteira, Butler contesta a ideia de um sistema binário dos gêneros que se apoiaria na hipótese de uma relação direta e simétrica com o sexo, este último visto na chave biológica do binário macho/fêmea ou masculino/feminino. Tomar o sexo como realidade biológica pré-discursiva seria uma maneira de afirmar a estrutura binária do sexo, para os fins ocidentais da heterossexualidade compulsória e do masculinismo hegemônico.

Resumindo, o gênero não consiste em uma identidade substancial, fixa e imutável; decorre de uma prática imitativa reiterada, de *performances* que se acham fortemente constrangidas pelo binário masculino/feminino e pela heterossexualidade compulsória, ou seja, pelas normas sociais regulatórias. Porém, o gênero não se estabiliza completamente, havendo possibilidades de contestação e remanejamento das próprias leis regulatórias, o que lhe permite outros arranjos. Os movimentos feministas, homossexuais e transexuais, por exemplo, produzem intervenções sociais importantes, podendo desestabilizar os padrões masculinistas e da heterossexualidade compulsória, abrindo o campo de legitimidade a outras configurações de gênero. Os gêneros se constituem por meio de identificações com determinadas posições sexuadas e rejeição, apagamento e negação de outras, em um jogo coercitivo que não se fixa em uma forma permanente.

Enfim, retornando ao contexto maior do presente trabalho, espero ter mostrado que a noção de gênero põe em relevo as produções culturais sobre a sexualidade, trazendo elementos importantes à clínica psicanalítica e às teorias que a fundamentam. Apresentarei, a seguir, um fragmento de um processo analítico, com a finalidade de ilustrar a pertinência clínica do conceito de gênero e um modelo de escuta em que a subjetividade é tomada como singularidade e como construção social.

Ana (nome fictício), 43 anos, é filha de pai branco e mãe negra. Conta que se considerou branca até recentemente, ainda que, de algum modo, sempre soubesse da própria negritude. Afirma que a sua cor não constituiu uma questão significativa até bem pouco tempo. Quando pequena, este não era um assunto conversado em família, tampouco era um tabu. Parecia mesmo não ser uma questão importante. Há alguns anos, trabalhando em uma ONG que desenvolve projetos e ações educacionais à população carente, Ana começou a observar o forte preconceito racial contra os negros, ainda que isso não lhe tenha sido uma novidade absoluta. Ao mesmo tempo, vem percebendo de outro modo o que sempre percebera – a sua cor negra. "Mas não subjetivei a minha condição racial, nem o preconceito contra mim, pessoalmente – e até posso me lembrar de uns poucos episódios na escola. Identifiquei e ainda identifico a questão a partir dos outros, das pessoas pobres e negras atendidas por mim". A experiência profissional tem promovido a sua maior consciência social sobre o assunto. Consciência "social", ela sublinha. Em sua certidão de nascimento, Ana está registrada como branca. Hoje, ela se identifica como "não branca".

Ana diz e desdiz os seus conflitos com a cor da pele por meio de um discurso marcado por contrastes e divisões. Ao escutá-la, lembrei-me da conhecida fórmula de Octave Mannoni (1991): "eu sei, mas mesmo assim...", referida aos mecanismos da *Verleugnung*, conceito desenvolvido por Freud especialmente no texto sobre o fetichismo, de 1927, e que diz respeito às operações de reconhecimento e recusa concomitantes da experiência de castração. Mannoni reflete sobre as diversas situações em que o mecanismo da recusa é acionado, não apenas no caso das perversões, mas também no estabelecimento geral das crenças. Na vida cotidiana, é comum mantermos uma crença mesmo tendo um conhecimento que a invalide, o que se sustenta através dos mecanismos da recusa e da clivagem do eu, que colocam em jogo os processos primários do funcionamento psíquico. Mannoni estende, assim, a *Verleugnung*, vista sob a fórmula "eu sei, mas mesmo assim", para o campo da psicopatologia da vida cotidiana, dos ritos religiosos, das crendices populares, do que se pode observar incontáveis vezes no decorrer das próprias análises, embora quase sempre não a reconhecemos por estarmos justamente tão habituados a ela. Por fim, o autor esclarece o que se passa na formação do fetiche, em que "[...] o domínio da crença é perdido de vista [...] Se, com a *Verleugnung*, todas as pessoas entram no campo da crença, as que chegam a ser fetichistas saem desse campo, no que concerne à sua perversão" (Mannoni, 1991, p. 208).

Mas, no caso clínico a que me refiro, de onde provém o "eu sei, mas mesmo assim"? Qual é o sujeito que o enuncia? Mantenho, firme, na minha escuta, a frase literal de Ana, dado o impacto que me causou: "Não subjetivei a minha condição racial... identifiquei e ainda identifico a questão a partir dos outros, das pessoas pobres e negras atendidas por mim". Pensei: é antes, no plano social da realidade brasileira, que a questão racial do preconceito e violência contra os negros não está subjetivada, processada ou elaborada. A respeito desse assunto, um longo e intenso trabalho coletivo de negação e violência atravessa a nossa história. Como podemos subjetivar a cor da pele – brancos, negros, índios etc. – frente a essa história social de violência, negação e recusa? Que condições temos para isso? Os brancos? Os negros? Os índios? E a mulher negra?

Trata-se, aqui, de identificar a recusa que se institui e reproduz fundamentalmente na tópica social. Sem as possibilidades de inscrição e elaboração oferecidas pelo coletivo a que pertence, como pode um sujeito subjetivar a experiência da sua cor, dado tão importante na identidade social e nos documentos de registro geral, onde figura junto do nome, data de nascimento e filiação? A frase de Ana "não subjetivei a minha condição racial..." coloca esse problema com muita precisão. O curioso é que ela pode olhar de um modo diferente para a questão justamente a partir do seu trabalho com pessoas pobres e negras. Como se a possibilidade de conduzir ações institucionais, visando à educação e a cidadania – experiência nada indiferente no contexto da injustiça social –, lhe oferecesse um ângulo distinto na percepção do problema. Ela, porém, arremata: percepção "social" do problema, reconhecendo os buracos imensos em sua construção identitária singular, evidenciando mais uma vez a cisão na sua experiência com a cor da pele. Cisão instituída em nossa experiência social com a cor da pele – questão para Ana e para mim, no âmbito da análise.

De volta à questão do gênero, essa noção permite estabelecermos com mais clareza as relações entre sexualidade e etnia, o que dificilmente vemos nos estudos psicanalíticos cujas formulações se acham obturadas pela referência a um Édipo absolutista e universal. Nesse sentido, a posição sexuada de um sujeito se constitui por ideais sociais regulatórios e não "apenas" pela *novela familiar do neurótico*, cujas identificações cruzadas estamos habituados a encontrar nos casos clínicos como o de Dora, da jovem homossexual, do pequeno Hans, para citar algumas produções de Freud. Os ideais sociais regulatórios induzem certas identificações sexuadas e impedem outras, o que implica

> [...] a produção simultânea de um domínio de seres abjetos, aqueles que ainda não são "sujeitos", mas que formam o exterior constitutivo relativamente ao domínio do sujeito. O abjeto designa aqui precisamente aquelas zonas "inóspitas" e "inabitáveis" da vida social, que são, não obstante, densamente povoadas por aqueles que não gozam do *status* de sujeito [...] Neste sentido, pois, o sujeito é constituído através da força da exclusão e da abjeção, uma força que produz um exterior constitutivo relativamente ao sujeito, um exterior abjeto que está, afinal, "dentro" do sujeito, como seu próprio e fundante repúdio. A formação de um sujeito exige uma identificação com o fantasma

> normativo do sexo: essa identificação ocorre através de um repúdio que produz um domínio de abjeção, um repúdio sem o qual o sujeito não pode emergir (Butler, 2007, pp. 155-156).

Vemos, aqui, que a fórmula de Octave Mannoni, "eu sei, mas mesmo assim", pode ser vista não apenas como uma situação psíquica peculiar à formação do fetiche e das crenças em geral, mas também como um dispositivo central das práticas sociais regulatórias do gênero, que afirmam e negam, simultaneamente, as sexualidades abjetas, positivando determinadas posições mediante exclusão, apagamento e negação de outras.

A situação social da mulher negra no Brasil refere-se fortemente ao domínio dos abjetos, em que o signo de inferioridade se duplica pela posição de mulher e pela cor negra da pele. Nessa condição, a formação de uma posição sexuada mobiliza o enfrentamento e a identificação com os abjetos tidos não no exterior constitutivo do sujeito, mas no seu interior mesmo. Ou seja, em certos aspectos, Ana se encontra no próprio lugar que se trata de expulsar para conseguir uma posição habitável no mundo, e portanto na iminência da queda da posição de sujeito. A não subjetivação da cor da pele, no caso de Ana, é um modo de resistir (no sentido da resiliência) a essa identificação e, ao mesmo tempo, a mantém como ameaça permanente. Podemos considerar a hipótese de que a autodenominação "não branca" expresse esta dupla condição, que se revela nos dois sentidos da palavra resistência: como resiliência e como efeito de uma alienação de si. Mas isso não é necessariamente certo. De todo modo, a não subjetivação da cor da pele, aqui reconhecida em sua matriz fundamentalmente social, impõe questões e conflitos à sexualidade, ao modo de tratar o próprio corpo, o que é possível observar no atendimento de Ana, tanto nas repercussões à minha própria condição de mulher branca analista quanto na singularidade das construções e desconstruções de Ana, na singularidade da sua "novela familiar", que não apresentarei aqui.

A referência direta às questões históricas e sociais do racismo foi fundamental ao trabalho dessa análise, inicialmente para evidenciar o fosso entre a "consciência social" e a "não subjetivação da cor da pele", fosso que se pôs a trabalhar na própria transferência, não estando a analista, obviamente, imune aos seus efeitos, e depois para abordar de um outro modo o que se mostrava nas manifestações somáticas de Ana e nos caminhos criativos da sua feminilidade. Abriu, também, um arquivo pouco referido sobre a história de sua família.

Uma análise clínica não pode "resolver", em seus protagonistas, as profundas tensões e violências que a experiência do racismo carrega. Entretanto, pode promover algum reconhecimento dos seus feitos no processo de (des)subjetivação. Mas, acima de tudo, e este é o ponto em que quero chegar, a perspectiva social sobre o racismo permite, na esfera de atuação do psicanalista, outras lentes para a sexualidade a partir, justamente, da noção de gênero. Se entendemos a sexualidade na perspectiva do gênero, como construção performática e não identitária ou substancializada, se a vemos sujeita às desestabilizações e reiterações constantes, produzida no engenho social e não apenas na família de acordo com o modelo do Édipo, seja ele ampliado ou não, então veremos também as posições sexuadas como estratégias na vida social e no campo das relações políticas entre os homens, entre classes sociais e entre etnias, dessubstancializando, assim, essas mesmas posições. O sexo, as sexualidades e os gêneros, como se queira, não são estruturas imutáveis, dadas de uma só vez; estes admitem outras formas de acordo com o olhar e a interpelação que se dirige a eles. Como abordamos, na clínica, o que se apresenta como pontos de fracasso em relação à castração, o que se coloca como *Verleugnung*, o "eu sei, mas mesmo assim", a recusa e a negação? Como expressões de estruturas acabadas ou posições substancializadas? Butler (2007) sugere outro caminho:

> [...] a materialização de um dado sexo diz respeito, centralmente, à regulação de práticas identificatórias, de forma que a identificação com a abjeção do sexo será persistentemente negada. E, contudo, essa abjeção negada ameaçará denunciar as presunções autofundantes do sujeito sexuado... A tarefa consistirá em considerar essa ameaça e perturbação não como um questionamento

> permanente das normas sociais, condenado ao *phatos* do fracasso perpétuo, mas, ao invés disso, como um recurso crítico na luta para rearticular os próprios termos da legitimidade e da inteligibilidade simbólicas (p. 156).

Relançar os dados! Não foi isso o que a psicanálise produziu em seu surgimento?

Mencionei o atendimento de Ana não para ilustrar uma questão específica sobre a histeria ou qualquer outra estrutura clínica. Trouxe-o em uma perspectiva bastante ampla e referindo-o ao modo como tomamos a sexualidade no âmbito das análises. Voltando agora ao tema da histeria, vimos que ela está rarefeita enquanto categoria nosográfica, ou unidade patológica na clínica contemporânea, ainda que se apresente de maneiras multifacetadas tanto aí como no campo expandido da cultura, nos movimentos coletivos e de massa. A situação de não estar "empacotada" em uma etiqueta clínica não impede o fato de que a histeria esteja substancializada em outros registros, repartidos e pulverizados. A proposta de Mitchell e Showalter, mediante caminhos diferentes, é a de reconhecer a face da histeria em suas múltiplas e distintas aparições. Como fazê-lo sem novamente substanciá-la em uma forma fixa, e com isso mantê-la no mercado dos negócios com a subjetividade? Nesse assunto, a psicanálise poderia ainda relançar os dados, como fez à princípio? De todo modo, parece interessante o caminho de pensar a sexualidade e a histeria fora do quadro das substancializações, das identidades, das estruturas acabadas e da forma essencial.

Referências

ALONSO, S. L. & FUKS, M. P. *Histeria.* São Paulo: Casa do Psicólogo, 2004.

ARÁN, M. A psicanálise e o dispositivo diferença sexual. In: *Revista Estudos Feministas*. Florianópolis: Campus Universitário Trindade, v. 17, n. 3, Sept./Dec. 2009. Disponível em: http://dx.doi.org/10.1590/S0104-026X2009000300002.

BUTLER, J. *Problemas de gênero:* feminismo e subversão da identidade. Rio de Janeiro: Civilização Brasileira, 2003.

_______. Corpos que pesam: sobre os limites discursivos do "sexo". In: LOURO, G. L. (Org.) *O corpo educado:* pedagogias da sexualidade. Belo Horizonte: Autêntica, 2007.

CAFFÉ, M. O padre-nosso da psicanálise. In: FERRAZ, F. C., FUKS, L. B. & ALONSO, S. L. (Orgs.) *Psicanálise em trabalho.* São Paulo: Escuta, 2012.

CECCARELLI, P. R. Psicanálise, sexo e gênero: algumas reflexões. In: RIAL, C., PEDRO, J. & ARENDE, S. (Orgs.) *Diversidades:* dimensões de gênero e sexualidade. Florianópolis: Mulheres, 2010, pp. 269-285.

DELEUZE, G. & GUATTARI, F. O *anti-Édipo:* capitalismo e esquizofrenia. São Paulo: 34, 2010.

FREUD, S. (1895) Estudos sobre a histeria. *Obras psicológicas completas de Sigmund Freud*. Rio de Janeiro: Imago, 1996; v. II.

_______. (1905) Fragmento da análise de um caso de histeria. *Op. cit.*, v. VII.

_______. (1909) Análise de uma fobia em um menino de cinco anos. *Op. cit.*, v. X.

_______. (1921) Psicologia de grupo e a análise do ego. *Op. cit.*, v. XVIII.

_______. (1923) Uma neurose demoníaca do século XVII. *Op. cit*, v. XIX.

_______. (1927) Fetichismo. *Op. cit.*, v. XXI.

_______. (1928) Dostoiévski e o parricídio. *Op. cit.*, v. XXI.

MANNONI, O. Eu sei, mas mesmo assim... In: KATZ, C. (Org.) *Psicose:* uma leitura psicanalítica. São Paulo: Escuta, 1991.

MITCHELL, J. *Loucos e medusas:* o resgaste da histeria e do efeito das relações entre irmãos sobre a condição humana. Rio de Janeiro: Civilização Brasileira, 2006.

NERI, R. *A psicanálise e o feminino:* um horizonte da modernidade. Rio de Janeiro: Civilização Brasileira, 2005.

SHOWALTER, E. *Histórias histéricas:* a histeria e a mídia moderna. Rio de Janeiro: Rocco, 2004.

TORT, M. *Fin del dogma paterno*. Buenos Aires: Paidós, 2008.

2.

A construção do caso clínico em psicanálise[1]

Dentre as diversas produções em nossa área, o caso clínico tem a propriedade de reunir e articular os elementos da técnica, do método e da teoria psicanalítica. Daí a importância das apresentações clínicas na construção e transmissão da obra freudiana, indicando o celeiro de onde ela provém. Certamente, a psicanálise comporta outros celeiros estabelecidos na troca com distintos campos do conhecimento, produzindo, por exemplo, novos paradigmas na abordagem dos fenômenos sociais, religiosos, históricos e políticos. A presença da psicanálise nas universidades indica, entre outras coisas, a ampliação das suas finalidades, que não se restringem à ação clínico-terapêutica. De todo modo, é nesse campo que podemos entrever as relações estreitas e complexas entre a técnica, o método e a teoria psicanalítica. Dado que vamos partir daí, embora sem a intenção de

1 Agradeço a leitura e a interlocução valiosas de Silvia Leonor Alonso na elaboração deste texto.

trabalhar sobre uma situação específica, apresentarei inicialmente uma perspectiva geral sobre o que é o caso clínico em psicanálise. Trata-se de uma definição parcial, um ponto de partida, sendo possíveis muitos outros.

O caso clínico em psicanálise não se confunde com a experiência direta do atendimento, tampouco almeja o estatuto de um documentário fiel e exaustivo do que se passa no decorrer das sessões. O caso clínico consiste em um recorte e na elaboração singular do analista acerca do atendimento, que parte sempre de uma questão/problema e se dirige ao diálogo com os demais psicanalistas. O caso clínico também não é a descrição da história da vida de um sujeito, mas um segmento da história da transferência, ou seja, do que se constrói entre os protagonistas da análise pela via regressiva da transferência, a partir dos afetos e sentidos aí partilhados. Então, um caso clínico não diz respeito à história de um sujeito, ainda que sem isso não haja um caso clínico. Fragmentos importantes da história pregressa de ambos os protagonistas da análise podem se reinscrever ou escrever durante o atendimento, mas o estatuto de um caso clínico não se define por isso, e sim pela história da transferência e pela lógica do seu percurso. É a partir dessa experiência que se constitui o saber peculiar de uma análise, bem como os seus efeitos práticos. O estabelecimento, reconhecimento e dissolução das diversas modalidades de transferência no campo do atendimento definem o cerne da clínica psicanalítica. Certamente, existem mais coisas entre o analista e o analisante, mas o específico da clínica psicanalítica é o que se passa sob transferência. É nesse sentido que se diz que o analista interpreta na transferência, e não fora dela. De modo mais preciso, a interpretação analítica é formulada sob transferência por ambos os agentes da análise, tendo o analista funções bastante específicas na condução do processo.

Prosseguindo, o caso clínico coloca em evidência a complexa e problemática relação entre teoria psicanalítica e prática terapêutica, revelando a tensão entre os universais da teoria e as singularidades de cada experiência clínica, que se mostra nos modos de construção das hipóteses de trabalho, das interpretações e da escrita e publicação do caso, quando isso se dá.

Além disso, o caso clínico, dirigido a uma comunidade de analistas, constitui um modo privilegiado de transmissão da psicanálise, sendo a sua vocação o testemunho de uma experiência do inconsciente, bem como do dispositivo analítico.

A construção do caso clínico implica a posição do analista frente à própria análise, mobilizando também as questões/conflitos/recursos do seu processo de formação, as transferências estabelecidas com os colegas analistas, com os autores escolhidos e/ou rejeitados em seus estudos teóricos. Por último, tal apresentação põe a clínica que se pratica à apreciação e à prova dos demais, colaborando para o desenvolvimento das pesquisas em psicanálise.

Podemos pensar o caso clínico em diferentes contextos institucionais, não apenas no consultório particular. Temos, por exemplo, o caso clínico construído pelo psicanalista quando inserido na instituição hospitalar, implicado, portanto, com outra prática discursiva dominante, a prática médica. Ou, então, o caso clínico pedagógico do psicanalista no interior da instituição escolar, ou ainda o caso clínico judicial do psicanalista inserido no campo forense. Considerar ou reconhecer uma clínica psicanalítica nesses lugares institucionais híbridos permite as combinações anteriormente referidas, e indica uma posição teórico-política determinada, na qual não se diferencia o ouro puro da clínica psicanalítica do cobre da psicanálise "estendida" ou "aplicada"[2].

Entretanto, nas diversas situações clínicas mencionadas, não se trata da mesma coisa. As clínicas em psicanálise, no plural, requerem, conforme o caso, um complexo trabalho de migração, por assim dizer, do método psicanalítico a outros campos que são estranhos e até mesmo inóspitos a esse método, enfim, requerem o seu difícil "desencastelamento" do território originário – o atendimento individual no consultório do analista (Guirado, 1995). E ocorre, depois, que esse desencastelamento do método produz efeitos que se fazem sentir de volta no consultório particular! Nessa complexa operação de desencastelamento, gostaria de destacar a questão da técnica, pelos motivos que apresento no item a seguir. O que pretendo discutir são os recursos e

2 Não considero todo e qualquer trabalho psicanalítico trabalho clínico; há outras atividades possíveis a partir da psicanálise. Aqui, trata-se dos trabalhos especificamente clínicos, cuja definição é o tema do presente texto.

procedimentos pelos quais se dá a construção do caso clínico em psicanálise nos diversos contextos institucionais.

A posição da técnica nos estudos psicanalíticos

A respeito da clínica, diferenciamos o método e as técnicas de trabalho, entendendo que o dispositivo da escuta analítica – identificado ao método – pode se constituir em situações terapêuticas bastante diversas, que requerem técnicas ou procedimentos distintos. Assim, por exemplo, o conjunto das regras técnicas proposto por Freud no atendimento aos adultos neuróticos (como a utilização do divã e o estabelecimento da regra da associação livre, dentre outros) não é estritamente aplicável ao atendimento psicanalítico com crianças ou psicóticos, tampouco se ajusta ao trabalho em instituições, como hospitais ou fóruns judiciais. Cada uma destas demanda enquadres e manejos técnicos específicos, ainda que para elas os princípios do método de trabalho e o seu referencial teórico sejam os mesmos, desde que se trate de psicanálise. Assim, as noções teóricas de inconsciente, pulsão, sexualidade, defesas psíquicas etc., operam em todas essas situações, bem como a ideia de que o trabalho psicanalítico se dá sob transferência.

À primeira vista, a clara distinção entre o método e as regras técnicas pode parecer simples. Entretanto, as coisas são um pouco mais complicadas. Por exemplo, a regra fundamental da associação livre e sua contraparte, a escuta flutuante do analista, são regras técnicas e, ao mesmo tempo, conceitos centrais na elaboração do método e da teoria freudiana. É o que Freud atesta, especialmente, no texto "A interpretação dos sonhos" (1900), no qual vemos que a regra fundamental da associação livre é um recurso técnico homólogo ao que a teoria psicanalítica apresenta como funcionamento do pensamento referido aos processos primários. Enquanto recomendação técnica, a regra fundamental tem a finalidade de atenuar a produção discursiva fortemente referida aos processos secundários, uma vez que estes cumprem funções mais defensivas e encobridoras do desejo inconsciente. Nesse sentido, o conceito de associação livre refere-se a um elemento da técnica, do método e da teoria psicanalítica.

Além disso, há outras justificativas para a impossibilidade de uma distinção absoluta entre o método e a técnica. Em uma perspectiva pragmática, podemos

> [...] considerar que, em qualquer caso, nenhum método prescinde de relações estreitas com um determinado conjunto de técnicas, pois as condições discursivas nas quais o método emerge dizem respeito a certas relações concretas entre os homens, relações estratégicas, atos discursivos que produzem certos conhecimentos e efeitos a partir desses conhecimentos. Nesta linha, todo método

> implica uma tecnologia, uma estratégia de ação sobre o mundo, e vice-versa (Caffé, 2007, p. 156).

Enfim, talvez seja mais preciso dizer que método e técnica se distinguem e se reportam mútua e incessantemente. Essas considerações justificam e valorizam o estudo sobre a técnica psicanalítica, sempre observando a sua imbricação indissociável aos problemas do método. Geralmente, conferimos o *status* de teoria às questões do método psicanalítico. O que não significa que a presença dos temas relativos à técnica sejam menores nos estudos da psicanálise! Vemos, sem dúvida, muitos textos sobre as modificações dos procedimentos clínicos em momentos decisivos da psicanálise, como nas ocasiões em que se estabeleceram os atendimentos às crianças, aos psicóticos, às famílias, aos grupos, às instituições, como hospitais, escolas, presídios etc. Mas será que o conjunto maior desses textos aponta para a produção ou ampliação de uma teoria da técnica? É certo que alguns autores, além de Freud, trabalharam consistentemente nessa perspectiva. Ferenczi (técnica ativa) e Klein (técnica do jogo), por exemplo, tomaram a questão da técnica não apenas como conjunto de procedimentos ligados ao tipo da clientela em foco, mas também, e principalmente, no diálogo intenso e permanente com a teoria e com o método psicanalítico. O mesmo se pode dizer de Lacan, com o recurso ao tempo lógico no encerramento da sessão. É esse o sentido de uma teoria da técnica, cujo trabalho não se resume a um conjunto determinado de regras ou a um recenseamento dos vários repertórios de procedimentos e suas situações clínicas correspondentes. As comunicações desse último tipo costumam se articular mais ao modo dos estudos de caso e algumas se aproximam do formato dos manuais. Outras rendem textos interessantes à maneira de uma história da técnica que conta, por si mesma, a história do movimento psicanalítico no sentido da ampliação e diversificação do seu campo clínico[3]. De todo modo, estritamente falando, uma *história* da técnica não é ainda uma *teoria* da técnica. Com isso, podemos pensar que a teoria da técnica em psicanálise não evoluiu tanto quanto os estudos relativos ao método psicanalítico[4].

Porém, é necessário considerar as causas disso, uma vez que o postulado de uma teoria da técnica não é novo e produziu conflitos e discussões importantes na história do movimento psicanalítico. Uma corrente crítica em relação a alguns posicionamentos da IPA, nas décadas de 1950 e 1960, alertava contra o estabelecimento de uma teoria da técnica que trazia, na realidade, uma mecanização da prática psicanalítica e uma eliminação dos seus referentes teóricos mais centrais, ligados ao inconsciente e à sexualidade. Nessa

3 Ver, por exemplo, Otto F. Kernberg (2003).

4 Chistopher Bollas (2001) vai mais longe: "[...] minha proposta é examinar a razão pela qual a psicanálise está em crise e devo, portanto, começar por dizer que isto se deve, em parte, à maneira pela qual a profissão destruiu a teoria da técnica freudiana. Pois um número significativo das principais revisões de Freud não se propõem a completar sua teoria da técnica, e em 'ampliar', assim, o campo da psicanálise [...]" (p. 279).

direção, Lacan enunciou o movimento de retorno a Freud, buscando o resgate de tais referentes em suas potências subversivas e avessas a uma racionalização programada, opondo-se a uma prática psicanalítica adaptativa e centrada no registro do eu. Naquele tempo, resistir a uma *teoria* da técnica significava reafirmar uma prática clínica que visava o descentramento da consciência e do eu, considerando o registro econômico das pulsões irredutível ao campo das representações.

Conforme observa Triska (2010) sobre os escritos de Lacan da década de 1950,

> [...] talvez o principal objeto de sua crítica endereçada aos pós-freudianos da época tenha sido a técnica. Ali é afirmado que através desta estava se manifestando uma perigosa cristalização dos conceitos freudianos, resultando em práticas clínicas supostamente empobrecidas, incapazes de trabalhar verdadeiramente com o inconsciente. Há aí o alerta de que, para evitar a degeneração da técnica psicanalítica, é necessário então resgatar o sentido da experiência psicanalítica (Lacan, 1953, p. 268 *apud* Triska, 2010, p. 4).

O propagado movimento de retorno a Freud cumpria esse desígnio. A história da psicanálise seguiu seu curso e hoje, talvez, a questão de uma teoria da técnica se recoloque por razões diferentes. O contexto atual é outro, bem como são outros os riscos e possibilidades nos caminhos e descaminhos da psicanálise. Observo que, em nossa área, o estabelecimento de novos *settings* de trabalho desconsidera grandemente as diferentes práticas e dispositivos institucionais com os quais nos aliamos, o que obscurece o papel e o valor dos procedimentos técnicos necessários à instalação do método psicanalítico. *Tais procedimentos técnicos exigem parâmetros que extrapolam o campo da teoria psicanalítica, movimentando saberes de outras áreas, o que justifica um campo próprio de pesquisa, ainda que indissociável da teoria e do método psicanalítico. Está aí toda a complexidade em tomar a técnica psicanalítica como um objeto de pesquisa.* De todo modo, entendo que uma teoria da técnica possa oferecer alguns fundamentos para o estabelecimento de novos *settings* de trabalho, em terrenos institucionais híbridos, onde se trata do cruzamento entre a prática psicanalítica e outras diversas. Vejamos como isso pode se dar.

O quadro das relações institucionais genéricas

Dentre as muitas entradas para uma reflexão sobre a técnica psicanalítica, selecionei aquela que nos leva ao tema da transferência. Antes de mais nada, a transferência é um fenômeno universal, referido à capacidade libidinal dos seres humanos onde quer que eles estejam (Freud, 1912). Consiste, portanto, em uma condição de ligação entre as pessoas, pela qual uns e outros se tomam no plano das comunicações e relações humanas. Estabelecemos transferências com amigos, colegas de trabalho, grupos, mestres, autores, e também com certas ideias, lugares, objetos, enfim, com uma infinidade de coisas. Essas transferências (no plural) diferem, entretanto, da transferência (no singular), referida à clínica psicanalítica. Nesta, a transferência se estabelece diante da recepção particular do psicanalista e é definida por Freud como "uma catexia que se acha pronta por antecipação", e que se liga a "protótipos" ou "clichês estereotípicos" (Freud, 1912, p. 112) da experiência infantil de um determinado sujeito, enfim, tudo o que nele "[...] já avançou a partir das fontes do reprimido para sua personalidade manifesta – suas inibições, suas atitudes inúteis e seus traços patológicos de caráter..." (Freud, 1914, p. 167).

No verbete "transferência" do *Dicionário Internacional da Psicanálise*, dirigido por Alain de Mijolla (2005), lemos que:

> A experiência da psicanálise leva à constatação de que fenômenos de transferência ocorrem de forma natural na vida de toda e qualquer pessoa, em especial na vida amorosa, mas essas "transferências" selvagens organizam relações novas cujo destino será muito diferente do que está em jogo durante um tratamento psicanalítico. Segundo a expressão de Freud, a psicanálise não cria a transferência, "mas a descobre para a consciência e dela

> se apodera para dirigir os processos psíquicos de acordo com o objetivo desejado" (p. 1895).

Além disso, de modo geral, no âmbito de qualquer prática institucional, a que se dá no fórum, na escola e mesmo na clínica psicanalítica, por exemplo, vamos encontrar os sujeitos não apenas no campo das suas experiências singulares e no jogo da(s) transferência(s), mas também no estabelecimento de uma outra ordem de relações. Esta consiste em certo arranjo estrutural e "genérico" de posições e lugares assumidos pelos sujeitos no acontecer da vida institucional, arranjo que permite as finalidades em vista. Refiro-me, aqui, ao quadro coletivo das relações entre agentes e usuários que os posicionam para os meios e os objetivos de uma prática social determinada. O modo como cada situação realiza (ou não) esse quadro de relações genéricas define a singularidade dos casos. É aí que vamos encontrar os sujeitos em suas transferências de afetos e/ou representações determinadas, compondo a cena institucional genérica a seu modo, particularizando-a ao mesmo tempo que a repete, seja na direção de legitimá-la ou questioná-la, criando ou transgredindo possibilidades, afirmando, superando ou interrogando os seus limites.

Até aqui, temos, então, as *transferências* (no plural), que se apresentam nas relações ordinárias e cotidianas entre sujeitos, nas quais se colocam as representações e os imaginários singulares de cada um; as *relações institucionais genéricas*, que constituem os quadros coletivos de trabalho, ou seja, os arranjos estruturais de posições e lugares assumidos pelos agentes no decorrer de suas práticas institucionais e por fim, a *transferência* (no singular) como fenômeno específico da prática psicanalítica, que resulta, portanto, da apreensão e recepção específicas do psicanalista, que jogam as noções fundamentais do inconsciente. Esses planos se entrelaçam na complexa rede dos vínculos humanos, não se deixando separar completamente. Identificá-los pode ser útil quando se trata da atuação clínica do psicanalista em terrenos institucionais híbridos, quando ele e a psicanálise se deslocam para a escola, o fórum, o hospital etc. A questão é como estabelecer, nesses lugares, uma *transferência* (no singular)[5], a via específica da clínica psicanalítica. Assim como no consultório, nas diversas instituições em que trabalha, o psicanalista não encontra a transferência "pronta", mas opera o seu estabelecimento a partir da teoria e do método psicanalítico, devendo considerar também o quadro das relações institucionais genéricas onde se acha inserido.

Apresentarei, a seguir, um rápido desenho das relações institucionais genéricas relativas às práticas judiciárias,

---

5 Neste texto também denominada *transferência institucional*, destacando-se o *locus* das práticas psicanalíticas ocorridas no cruzamento de instituições diversas. Na realidade, a ênfase no qualificativo institucional significa uma redundância, pois ele está sempre presente, mesmo no consultório particular do psicanalista, aqui também visto como instituição. Ainda que o seu lugar geográfico possa coincidir com um espaço privado, a dimensão institucional do trabalho se coloca na medida em que integra e se sustenta em produções coletivas compartilhadas, sejam as regras e modelos institucionais que balizam a atividade do analista, sejam as teorias que fundamentam o ato clínico etc.

psicanalíticas, pedagógicas e médicas. Para isso, é necessário considerar as finalidades de cada prática, o que se espera no desenlace dos seus processos. Trata-se de um exercício a partir de algumas escolhas, as quais não justificarei neste texto. Outros exercícios podem ser feitos. Na sequência, pretendo refletir sobre as parcerias possíveis da psicanálise com estas outras práticas e o modo como comportam a construção de casos clínicos. A questão é como se institui, nesses casos, a transferência institucional na qual e com a qual o psicanalista trabalha. Enfim, o que ocorre quando o psicanalista adentra estes campos híbridos, o que ele leva e o que aporta dos dispositivos institucionais em jogo, e de que modo as cenas institucionais genéricas se combinam, impondo providências necessárias ao estabelecimento do trabalho psicanalítico. Espero mostrar que o quadro das relações institucionais genéricas pode ser de interesse para uma teoria da técnica, enfim, um prumo para os procedimentos necessários à construção de novos *settings* à clínica psicanalítica. Consideremos, então, as relações institucionais genéricas:

No fórum judicial[6]

Frente aos sujeitos de um processo judicial, o juiz toma o lugar de saber e julga a questão conflitiva, dando a sua sentença. As chamadas "partes" se apresentam com esta

[6] O que vem a seguir decorre da minha pesquisa de doutorado, publicada inicialmente em 2003 no livro *Psicanálise e Direito: a escuta analítica e a função normativa jurídica.*

demanda à instituição, nomeadamente ao juiz, e para tal se deixam representar pelos advogados, que tomam os seus discursos e os distorcem/adaptam/conformam aos termos da linguagem jurídica, cujos dispositivos dizem respeito às normas jurídicas, ao dever ser das condutas sociais. Elabora-se, assim, o conflito jurídico, sobre o qual a instância judicial trabalha. As formas discursivas bastante típicas desse contexto são as "alegações", "acusações", "defesas" e os "deferimentos do juiz". Não é, portanto, qualquer enunciado que integra a comunicação judicial. O juiz atua sobre o conflito jurídico, tal como o psicanalista atua, na clínica, sobre a neurose de transferência[7], por exemplo.

As relações entre as partes se dão conforme a regra da exigibilidade de comunicação, ou seja, as partes são obrigadas a se levarem em conta no âmbito da comunicação judiciária. A forma discursiva assumida entre elas é denominada discussão-contra, ou seja, o objeto da discussão é sempre um dilema, um impasse, um confronto de interesses no plano interpessoal. A prática judicial deve garantir condições para que a discussão-contra não se interrompa, o que justifica a temporalidade típica dos processos jurídicos, a interposição de prazos longos entre as comunicações, não sendo possível a sobreposição simultânea de vozes, com exceção do que

[7] Esta última também resulta de uma transformação do discurso do analisante tendo em vista os referentes da teoria psicanalítica, que percebe "fantasias", "defesas" etc., naquilo que é dito e vivido na transferência. Os processos de construção destes novos conflitos – o conflito jurídico e a neurose de transferência – são muito distintos (Cf. Caffé, 2010).

ocorre esporadicamente nas audiências, quando a conversa pode ficar acalorada, o que é interrompido severamente pelo juiz. Além disso, a discussão-contra é sustentada pelo fato de o juiz assumir o papel de árbitro dos conflitos.

O processo judicial termina com a sentença do juiz que se faz cumprir por todo um aparato de sanção social, incluídos os oficiais de justiça, agentes da polícia, dos hospitais, escolas, presídios etc. A autoridade do juiz quanto às medidas judiciais é caracterizada por um alto índice de institucionalidade, o que lhe confere o poder de decidir e fazer cumprir.

Esse conjunto de posições e atribuições discursivas caracteriza e viabiliza a prática judiciária, estabelecendo um modo de relação institucional genérica entre seus agentes e usuários. Nela, resumindo, o juiz toma o lugar de saber e de árbitro do conflito; os litigantes tomam o lugar de "partes", assumem uma posição que é tida como partidária e dilemática, o que constitui a discussão-contra. O juiz conduz o processo e, por fim, dá a sentença, tendo o poder de fazê-la cumprir. A prática judicial é, assim, uma prática normativa e sancionadora. Cada processo judicial realiza/encena a relação institucional genérica de acordo com as suas particularidades, o seu caso, ou seja, conforme as singularidades das pessoas envolvidas, podendo, também, haver o cruzamento com outras práticas institucionais, referidas, por exemplo, à prática psicanalítica, médica, policial etc.

Apresento, a seguir, uma situação curiosa que ocorreu em um fórum, na Vara da Infância e Juventude, ilustrativa da posição institucional normativa do juiz. Não se trata de uma ação litigiosa, mas de um processo que interrompeu-se de modo surpreendente. O juiz falava ao telefone, pouco antes de dar início à audiência. Conduzida pela escrevente, uma mulher entrou na sala com seu filho, um bebê recém-nascido, na intenção de dá-lo em adoção, o que já fizera com seu filho anterior alguns anos antes. A mãe sentou-se à mesa, aguardando a audiência, com seu filho aos berros no colo. O juiz, incomodado com o barulho, interrompeu por um momento o diálogo telefônico e disse irritado: "mãe, dê logo o peito a esta criança!". A mãe deu de mamar ao filho, levantou-se e saiu da sala. A audiência não ocorreu, e a mãe não voltou mais. O juiz encerrou o telefonema minutos depois, provavelmente sem qualquer ideia do que acontecera em sua sala!

Frente a essa ilustração, podemos pensar que a função simbólica do juiz fala "através" do seu ocupante. O enunciado categórico do juiz sentenciou a mulher na sua condição e na sua função de mãe. Nada que pudesse vingar se a mulher estivesse muita avessa aos seus efeitos. De todo modo, o que destituía aquela mulher da maternidade, reverteu-se, ao menos ali, diante do juiz. Ela certamente não estava diante de qualquer outro, e vinha com uma demanda endereçada. A mamada foi "assistida" pelo juiz em sua função judicial, ainda que ele mesmo não tivesse consciência disto. Talvez, na ocasião de uma audiência formal, essa "assistência" não produzisse os mesmos efeitos.

Não podemos saber o que se passou com a mãe, quais projeções particulares teria dirigido (ou não) ao juiz, nem identificar o lugar deste filho em sua vida; não sabemos se ela de fato encarregou-se da sua criação, mas nada disso é próprio às lentes do processo judicial. Não é isso que orienta a condução jurídica nos fóruns. Tal pesquisa nem mesmo é possível nas condições do quadro jurídico, a menos que um juiz possa solicitá-la ao assistente social e ao perito psicanalista, por exemplo. Mas aí o dispositivo da pesquisa se estrutura no encontro com outros métodos institucionais. O que importa, no exemplo, é tomar o acontecimento nas condições de possibilidade que se referem à relação normativa com o juiz. A entrega da criança foi suspendida diante da sentença judicial: encarrega-te do teu filho. Uma marca se produziu para essa mãe, não a partir do juiz apenas, mas a partir do encontro entre todos os atores e elementos específicos da situação: a demanda endereçada da mãe, o lugar e a função do juiz, o apelo da criança, a matéria da decisão judicial em foco, o espaço do fórum... elementos articulados pela/na relação institucional relativa ao campo judicial. (E quem assim o vê é uma psicanalista, que observa com as categorias teóricas que lhe são próprias.) Nada mais podemos concluir sobre os destinos desta marca. O exemplo mostra, com muita clareza, a posição do juiz no quadro das relações estabelecidas no fórum, ainda que não se refira às condições acima descritas de um litígio judicial.

Na clínica psicanalítica

Para começar, refiro-me, aqui, à chamada "cura-tipo" com neuróticos realizada no consultório. Na clínica psicanalítica, o quadro das relações institucionais genéricas[8] dispõe o analista na posição de suposto-saber, que acolhe e suporta a demanda e o lugar de saber que lhe dirige o analisante, sem entretanto assumi-lo como tal (diferentemente do juiz). No decorrer do trabalho, o analista remete a questão ao próprio sujeito, de modo a implicá-lo na procura de suas respostas e/ou indagações fundamentais, a partir do reconhecimento das causas, conflitos e desejos inconscientes que o determinam. Isso requer o estabelecimento de um vínculo muito particular entre ambos os agentes da análise, denominado transferência, e mais especificamente, no caso, "neurose de transferência", constituído no processo de uma regressão psíquica tópica e libidinal, desde que para isso o analista se coloque de modo "abstinente", sem satisfazer as demandas do analisante, mas dando-lhe suporte e procedendo às interpretações. Estas se orientam de acordo com os princípios da teoria psicanalítica e de acordo com a análise pessoal do analista, cuja realização permite a este um potencial reconhecimento de suas próprias reações frente às

8 Veremos que a caracterização deste quadro exige a referência à transferência (assim como a definição do quadro judicial exige a referência à função normativa jurídica). Entretanto, é fundamental o reconhecimento de que não se trata de conceitos idênticos. A transferência opera com noções da teoria psicanalítica como pulsão, inconsciente, temporalidade do *après-coup* etc.

injunções do trabalho, elemento fundamental às formulações interpretativas. Estabelecida e desenvolvida a neurose de transferência, o trabalho da análise consiste na sua dissolução, chegando-se assim ao término do processo. O fim da análise coincide, portanto, com o desembaraço do analista do sintoma transferencial, efeito de um longo trabalho de perlaborações e construções que não se restringem ao plano das representações psíquicas, movimentando o registro econômico das pulsões e implicando ambos os sujeitos da análise (Freud, 1937).

Assim, no quadro das relações institucionais genéricas, o psicanalista, diferentemente do juiz, não decide sobre as questões que lhes são apresentadas, retornando-as ao analisante a partir de uma série de procedimentos específicos. No final do processo, espera-se que o analista seja destituído do lugar de suporte central das perguntas/questões/sintomas do analisante. Pode-se dizer que uma análise chega ao fim quando pode desdobrar-se sem o apoio transferencial da pessoa do analista, o que não exclui a possibilidade de uma nova demanda de análise no decurso da vida. Entretanto, o modo como se encerra uma análise é decisivo para o que se leva de toda a análise, ou seja, o fim da análise a ressignifica. Nesse sentido, o término aponta não apenas para o futuro, mas também para o que se passou até ali, durante todo o processo. Além disso, o fim da análise se dá na identificação simbólica do analisante com o seu "sintoma fundamental"(Cf. Pommier, 1998), possibilitando-lhe um saber-fazer intuitivo a partir das suas produções sintomáticas, o que de todo modo nem sempre acontece, não sendo a análise uma garantia disto. Não há, portanto, o efeito de "cura", na acepção médica do termo; o que se produz são novos arranjos identificatórios e, em decorrência e na medida do possível, algumas soluções alternativas aos problemas e sofrimentos pelos quais o sujeito se engajou no trabalho.

Eis algumas características do quadro institucional genérico em vigência na clínica psicanalítica. Cada experiência o realiza de modo singular, quanto ao quê, como e quanto dos afetos e representações específicas se colocam sob transferência. E do que se ocupam os sujeitos? Da análise da própria transferência, ou seja, da instalação, evolução e dissolução da transferência particular que se institui durante o processo. Daí decorre o saber próprio de uma análise, as narrativas históricas que dela levam cada um dos seus protagonistas.

Uma situação exemplar da posição institucional do analista é aquela em que o analisante produz atos falhos no discurso, dirigindo-lhe mensagens cifradas acerca de um saber sobre si mesmo tão próprio quanto recusado. Um ato falho pode ocorrer em muitas situações do cotidiano, entretanto, no que diz respeito à análise, a particular recepção do analista instiga esta produção, na medida em que ele não oferece respostas às questões do analisante, sustentando-as, porém, a partir do seu não-saber. Ou seja, o analista opera com o seu não-saber; ele é suposto-saber o outro na medida em que sustenta a demanda de saber, e não porque o saiba de saída. A isto o analisante responde, por vezes, com a produção de lapsos inconscientes, movimentando outros registros e modos de investigação das próprias verdades.

Na escola de ensino básico

Consideremos, agora, o quadro das relações institucionais genéricas das práticas pedagógicas. Dado que elas ocorrem em situações muito diversas, vamos tomá-las em um contexto determinado, nas instituições escolares oficiais do ensino fundamental e do segundo grau, que veiculam a chamada educação básica obrigatória. Aí, uma das principais finalidades da prática pedagógica refere-se à transmissão e aquisição do conhecimento, o que requer inexoravelmente a sua produção, ainda que em vertentes diferentes da produção realizada nas pesquisas acadêmicas universitárias ou, então, nos laboratórios de grandes corporações. Em uma aproximação paulatina, observamos que o conhecimento nas escolas do ensino básico não é, por exemplo, o conhecimento técnico ou tecnológico, e sim o conhecimento científico, tido como patrimônio universal acumulado no decorrer da história humana.

Na tarefa da transmissão do conhecimento, o professor assume o lugar de mestria e conduz o processo de acordo com os requisitos da sua formação profissional, utilizando técnicas para ministrar, no contexto de participação coletiva, os conteúdos pedagógicos, conforme balizados/determinados pelos currículos oficiais. O aluno, como aprendiz, se acha na posição de ser orientado/conduzido na aquisição do conhecimento curricular, submetendo-se aos procedimentos pedagógicos e avaliativos que estabelecem critérios de promoção ou retenção nas séries escolares, e constituem indicadores do processo de aprendizagem. Os alunos se submetem e também constituem, junto dos professores, as práticas pedagógicas escolares. A posição de aprendiz demanda uma atividade marcante, sem o quê a aprendizagem não ocorre. As posições de professor e aluno são assimétricas e ativas em diferentes sentidos. Tal assimetria não se refere apenas à diferença geracional, mas se liga também às relações de poder que o ato pedagógico e a construção do conhecimento instauram.

As escolas se acham vinculadas às secretarias de ensino, órgãos governamentais que estipulam normas e políticas de ensino, avaliando, por sua vez, o desempenho das escolas, atrelando a tarefa educacional formativa aos propósitos cívicos e à formação da cidadania. A transmissão/aquisição do conhecimento nas escolas de ensino básico serve a diversos propósitos ligados às políticas de governo, sendo por isso atravessadas por dispositivos de avaliação e controle que se desdobram na posição dos professores e demais agentes pedagógicos.

Entretanto, isso não justifica tomar a escola unicamente nesse aspecto; se o destaco neste momento é para surpreender os sentidos e estratégias amplas do ato pedagógico. Quando se trata do conhecimento nas escolas do ensino básico é preciso considerá-lo no lugar destas injunções. Não se trata principalmente do conhecimento que se agencia a partir da curiosidade espontânea investigativa do aluno, e muitas vezes este não é o caso em absoluto. Aliás, a escola parece não depender disso no processo de sua reprodução social. O modo e os veículos de transmissão do conhecimento definem o próprio conhecimento em causa no âmbito da escola básica obrigatória. De tal sorte que o conhecimento tomado no modelo das ciências e como patrimônio universal da humanidade não segue sendo a mesma coisa independentemente das formas de transmiti-lo. Não é indiferente que a sua transmissão se dê por meio das publicações científicas implementadas no mercado editorial, de acordo com as políticas acadêmicas, ou então pela internet, através da Wikipédia, enciclopédia de licença livre baseada na Web, ou ainda nas universidades ou através dos processos de ensino-aprendizagem nas escolas do ensino básico. É preciso reconhecer, nos modos e veículos de transmissão do conhecimento, aquilo mesmo que se quer transmitir como conhecimento[9].

A prática pedagógica escolar dispõe o professor na tarefa de transmissão do conhecimento, transmissão que se dá em uma relação de troca diária e presencial com os alunos, reunidos coletivamente, no empenho de uma construção social que visa o sentido de um compromisso. Compromisso coletivo com o ato da transmissão, justamente. Assim, o

---

9 A ideia de que os arquivos e as formas de arquivamento determinam o conteúdo arquivável foi desenvolvida por Jacques Derrida, em seu livro *Mal de arquivo: uma impressão freudiana* (2001).

que se transmite com o conhecimento escolar é uma certa relação com o conhecimento humano, um modo de produção do conhecimento humano, e também um modo de organizá-lo e reparti-lo (em matérias escolares), conduzi-lo, combiná-lo (por exemplo, em atividades interdisciplinares, estudos de meio etc.). Assim, a prática pedagógica escolar visa a experiência com o conhecimento que se faz também no campo da moral e da ética. O professor está no papel de adulto transmissor de um legado da cultura às gerações vindouras, transmissor não apenas dos conteúdos pedagógicos mas de uma relação com o conhecimento e com a sua produção coletiva. A escola acentua o espaço público da vida em sociedade e, mais ainda, encarrega-se de promover às crianças e adolescentes uma entrada específica no espaço público, a partir da socialização escolar. A transmissão do conhecimento nas escolas do ensino básico deve realizar um processo peculiar de socialização.

A relação professor-aluno materializa a célula da transmissão escolar, em que as gerações se encontram para a construção de um compromisso social, a cada vez. Olhar desse modo para o lugar do professor é considerar a sua tarefa fora das lentes de um psicologismo redutor, que evoca os modelos parentais na definição do seu papel. Pois é justamente disso que não se trata. A relação pedagógica escolar agencia outros modelos que não coincidem com os modelos de pai e mãe, ou função materna/paterna, conforme delas se fala, por exemplo, nos estudos psicanalíticos que tratam da "novela familiar do neurótico". Podemos pensar que há "transmissão" na família, que há a "promoção (ou não) dos sujeitos à vida em sociedade", que há uma "relação com a lei" que se institui (ou não). Mas estes seriam os mesmos processos que se dão na escola e que se reconhecem com os mesmos nomes? Certamente não. Trata-se de instituições distintas. Espero ter indicado alguns elementos que auxiliem nessa diferenciação, desenhando, ao mesmo tempo, algumas características das relações institucionais genéricas vigentes na prática pedagógica escolar.

Como resultado desta prática, do lado do aluno há (ou não) o efeito de aprendizagem escolar que se dá na aquisição de um conhecimento que, além de referir-se aos conteúdos curriculares, liga-se também – e principalmente – às condições sociais de sua produção. Em condições ideais, aprende-se o valor e o amor humano ao conhecimento como patrimônio coletivo da cultura, requisito essencial à reprodução da própria cultura. É certo que os processos históricos e políticos de uma dada sociedade em um dado tempo contam no modo como a prática pedagógica escolar realiza (ou não...) a sua tarefa. Cada tempo, cada escola, cada professor e aluno singularizam, ao seu modo, a finalidade da escola.

No hospital

Em uma alusão mais breve às práticas médicas hospitalares, podemos pensar que o médico assume o lugar de detentor de um saber diagnóstico e técnico sobre os processos e disfunções corporais que afetam a saúde, sendo o paciente aquele que demanda os seus cuidados terapêuticos em situação de doença, sofrimento ou de exames de rotina. O campo médico hospitalar se ocupa do corpo humano em seus aspectos fisiológico, biológico, hormonal e funcional. De uma certa perspectiva, pode-se considerar que, na sociedade ocidental contemporânea, os sentidos a respeito das doenças e da saúde estão muito referidos ao que Foucault denominou como biopoder, cuja hegemonia no plano das relações sociais confere uma autoridade e um poder exorbitantes ao médico e aos seus procedimentos característicos (Cf. Foucault, 1999). Nesse sentido, a posição de paciente no contexto hospitalar implica cada vez mais uma desapropriação da capacidade de decidir sobre o próprio tratamento, deixando-se ficar na situação de *objeto*, entregue aos prazos e às condições de sobrevida decididos pelos protocolos hospitalares, o que pode gerar situações muito difíceis, como o prolongamento artificial da vida em condições indignas. Além disso, observamos que os exames laboratoriais sofisticados e a tecnologia médica avançada se fazem acompanhar, muitas vezes, do empobrecimento do contato e observação direta do médico, o que reforça a posição dos pacientes como objetos e não como sujeitos do tratamento. Ao mesmo tempo, o avanço das técnicas da medicina prolongam o tempo e a qualidade da vida humana no aspecto da saúde física, sendo este um bem de valor inestimável às suas práticas. Enfim, sob os efeitos do biopoder, todos esses fatores contam para que o médico e seus assistentes assumam o lugar preponderante de um poder autocrático na lida com os processos da vida e da morte no terreno hospitalar. Além disso, a indústria farmacêutica, orientada pelos interesses de mercado, interfere/dita, em grande medida, os critérios diagnósticos, as patologias e os recursos de tratamento, o que determina uma alienação considerável dos médicos frente ao trabalho. Nada que seja exclusivo dessa classe profissional[10]; procuro, aqui, caracterizar algumas formas da alienação no caso das práticas médicas, cujo resultado é um processo de dessubjetivação da experiência da dor, da doença e do cuidado, tanto para os médicos como para os pacientes[11].

Vale prosseguir no desenho do quadro hospitalar, aqui referido apenas em um dos seus aspectos. Alonguei-me mais sobre as práticas judiciais e pedagógicas em razão das minhas experiências profissionais nessas áreas.

10 Podemos também mencionar o aspecto de alienação nas práticas do psicanalista e do juiz. Quanto ao primeiro, por exemplo, temos o risco frequente de uma atuação normalizadora, que cumpre a patologização de formas subjetivas contrárias às normas sociais vigentes. Nesse caso, a psicanálise se alia ao movimento de forte medicalização da sociedade.

11 A medicalização indiscriminada da sociedade é uma expressão disso.

O estudo das relações institucionais genéricas: um prumo da técnica psicanalítica

Uma particularidade importante das práticas psicanalíticas é a de instaurarem uma experiência reflexiva acerca do próprio quadro de relações institucionais genéricas. Em certo sentido, transferência é isto, embora não apenas. Quando trabalhamos no interior de quadros institucionais diferentes do nosso, que engendram modos de subjetivação peculiares aos seus lugares, temos outras condições para o estabelecimento da transferência.

Como se sabe, a transferência não é apenas um meio de trabalho na clínica psicanalítica, mas também uma finalidade, aquilo mesmo de que se trata, tanto no consultório particular como em outras instituições. Nesses casos, o dispositivo psicanalítico (que se refere à recepção e atuação específica do analista) opera a transferência e na transferência estabelecida no terreno dos quadros institucionais *combinados*, promovendo uma experiência reflexiva sobre os modos de subjetivação aí advindos, enfim, sobre os sujeitos que emergem *neste* jogo institucional combinado. Ou ainda, uma reflexão sobre as posições e os desejos singulares que se revelam *nestes* contextos institucionais, e não alhures, no espaço imaginário do consultório particular do analista. Trata-se dos sujeitos que emergem *nestes* contextos, incluídos o psicanalista e sua nova/velha psicanálise.

Portanto, os sujeitos em análise são constituídos no seio de práticas institucionais combinadas, considerando-se sempre a dominância de uma delas. Ao modo de uma caricatura, temos, assim, o "sujeito pedagógico", o "sujeito jurídico" ou o "sujeito psicanalítico"[12], conforme o caso. Desse modo, não se trata sempre de um único sujeito, que se desloca inteiro com sua identidade definida, para as diversas instituições. Abrigamos em cada um de nós muitos sujeitos, modos de subjetivação diversos que se estruturam nas/pelas práticas institucionais distintas. É preciso levar em conta os modos de subjetivação previstos em cada prática institucional com a qual trabalhamos, e para isso, o quadro das relações institucionais peculiar aos seus processos.

Assim, no contexto escolar, o sujeito em análise é o sujeito frente à posição e à tarefa coletiva de conhecer, de produzir/herdar conhecimento, conforme os agenciamentos da escola. O desejo que emerge no quadro possível do trabalho é o que se manifesta (ou não) sobre esta situação determinada. Por sua vez, a situação pedagógica escolar pode estar, ela própria, interferida pela recepção particular do psicanalista. Interferência, porém, que não autoriza uma substituição. Promovemos sérias violências quando procuramos "colonizar" o espaço da escola, anexando-o ao consultório clínico, desconhecendo as suas finalidades

[12] Ainda que Freud não trabalhe com a noção de sujeito, acentuando menos a categoria de identidade e mais a de conjunto de identificações. Daí a justificativa para o meu recurso à caricatura.

próprias, bem como a estrutura das relações institucionais em que se apoia.

Situado na escola básica, partícipe do quadro institucional pedagógico, o psicanalista não está em condições de olhar os problemas de aprendizagem tal como se estivesse no consultório, apto a interpretar as fantasias inconscientes que dificultam o caminho de certa criança, bem como as suas projeções características em relação ao ato de conhecer e aos professores. Esse psicanalista, condicionado aos limites da ação pedagógica no ensino básico, toma as dificuldades de aprendizagem na tópica grupal da escola, mesmo que sua intervenção se dirija a uma criança específica. Trata-se de pensar as relações entre professores e alunos *na tarefa coletiva do ensino e aprendizagem*. É nessa cena que o psicanalista está inserido, e não naquela determinada pelos sujeitos que o procuram em seu consultório, o que acarreta limites e possibilidades aos seus procedimentos.

Por exemplo, a solicitação da regra da associação livre no consultório particular visa amenizar a presença dominante da moral, do certo e errado na condução do pensamento, abrindo caminho para as produções psíquicas menos encobridoras do desejo inconsciente. Na escola, esse recurso clínico de investigação não cabe, pois o psicanalista não tem "isenção" transferencial para tanto; não pode, dentro do possível e mediante recursos técnicos mirabolantes, atenuar o impacto dos ditames da convivência social e, portanto, da moral e da ética na interação com os sujeitos. Isto seria desconsiderar o quadro institucional da escola e os modos de subjetivação que lhes são inerentes. O contexto da grupalidade e a tarefa coletiva do ensino e aprendizagem exigem a discussão permanente sobre as normas e as condições da convivência em grupo. É no escopo dessa discussão que o psicanalista deve encontrar o seu novo *setting* de trabalho, operando com as tensões inevitáveis que aparecem no encontro entre o dispositivo pedagógico e o dispositivo da clínica psicanalítica. Pois a relação entre ambos não é apenas de colaboração, mas de resistências mútuas, como se pode ver, por exemplo, na posição diametralmente oposta que a função de mestria ocupa em suas práticas respectivas. A nova condição de trabalho do psicanalista na escola requer invenções que desafiam a instalação do seu método. *O que pode orientá-lo nessa tarefa é o estudo das matrizes institucionais em jogo, a observação da dominância de algumas delas e os efeitos produzidos em seus cruzamentos.*

Isso é necessário, pois o enquadre clássico da operação analítica não se coloca em territórios institucionais híbridos. Desde que se espere a contribuição clínica de um psicanalista, ou seja, a sua abordagem específica na compreensão e intervenção sobre determinadas situações humanas – no fórum, na escola ou no hospital –, a primeira tarefa é a construção de um novo *setting* de trabalho, o que equivale à instalação da transferência institucional, viabilizando-se assim o exercício do método psicanalítico.

Em um hospital, por exemplo, o *setting* do atendimento psicanalítico, seja ele individual ou grupal, requer montagens específicas e, por certo, não equivale apenas à nova sala do psicanalista, desprovido do mobiliário do divã, cujos atendimentos se fazem em tempo e frequência distintos do consultório particular. Isto ainda não define o novo *setting* para o psicanalista. Não basta fecharmos a porta do quarto de hospital e atendermos o paciente como se estivéssemos no consultório particular, pois o quadro institucional médico atravessa inexoravelmente o nosso trabalho, alterando profundamente as condições e o lugar da escuta psicanalítica. Nesse campo institucional híbrido não contam apenas o método e as técnicas do psicanalista, mas também do médico, dos enfermeiros, as normas hospitalares, as políticas de saúde pública etc. Considerando a presença de todos esses elementos, é preciso reinventar as condições transferenciais nas quais o dispositivo psicanalítico opere, sem o que ele permanecerá surdo e, o que é pior, produzindo violências quanto ao que se enuncia aos sujeitos em trabalho.

A posição de paciente hospitalar difere muito da posição do analisante no consultório particular. No primeiro, a relação com o próprio corpo parece configurar uma espécie de penhora; o paciente se vê monitorado e assistido (no duplo sentido) nos índices do seu funcionamento orgânico, manipulado fisicamente pelos médicos e enfermeiros, tendo a sua intimidade confiscada pela vigilância médica diurna e noturna. A norma corrente de que o paciente esteja acompanhado por um responsável, no momento da internação e da alta hospitalar, reforça este sentido de penhora. A situação de exposição e expropriação constante do próprio corpo incita fortes afetos, não raro associados a conteúdos depressivos ou paranoides. Tais estados emocionais se referem aos processos desencadeados pelo próprio contexto hospitalar, e não *apenas* à vivência singular de um dado paciente. Por essas razões, dentre outras, o ato interpretativo do psicanalista no hospital tem repercussões, formas e sentidos muito diferentes do que aqueles mobilizados no consultório particular. Aí, as condições para a interpretação analítica são outras, a começar pelo fato de que são outras as relações com o próprio corpo, tanto para o analisante quanto para o analista.

Tal como a função de mestria na escola básica, o estatuto do corpo no contexto médico-hospitalar define relações primordiais com o objeto do trabalho, constituindo um referente central nas formas de subjetivação que lhes são características. Nesses lugares, o próprio analista não está fora dos referentes, o que afeta profundamente as condições da sua escuta. Em tais situações, a construção de uma possível clínica psicanalítica requer um novo *setting* transferencial e, por que não, uma nova metapsicologia do analista.

Pensemos agora na situação do psicanalista que trabalha como perito judicial na realização de uma perícia. Ainda que possa receber os sujeitos no espaço físico do seu consultório, ele não está em posição de ouvir "queixas", "demandas", "desejos" tal como se estivesse no curso de uma análise clínica. Neste novo espaço, o dispositivo analítico requer outras instalações, ainda que o lugar geográfico do atendimento possa ser o consultório particular. Como assistente do juiz, o psicanalista herda as atribuições superegoicas do seu lugar e da instituição judicial como um todo, o que não lhe permite a "abstinência" relativa do consultório, inviabilizando as condições projetivas e regressivas que marcam o processo de uma sessão de análise. Além disso, diante do perito judicial, a "parte" não demanda a escuta de um psicanalista do modo como se vê nas análises, mas submete-se à produção de uma prova jurídica – a perícia judicial – cujo resultado tem grande peso na sentença do juiz, destinando-se ao ganho ou à perda da causa. No âmbito do fórum, o psicanalista deve reconhecer e utilizar as novas atribuições do seu lugar, construindo uma nova cena clínica em presença e sob a demanda do dispositivo judicial.

Aqui também não será útil ao psicanalista, por exemplo, discorrer sobre a regra da associação livre, quando este prevê que as representações imaginárias sobre a sua função indicam impreterivelmente um sentido normativo e sancionador. É inútil esquivar-se disso para reaver uma condição de escuta própria ao consultório. Certo de que a sua posição se liga fortemente a do juiz, independentemente das projeções características deste ou daquele periciando, partindo, então, do acento superegoico que se estende a ele a partir da instância judicial, o psicanalista adota outras estratégias, visando colocar estas novas atribuições a favor do trabalho. A primeira delas é considerar a forte presença do quadro judicial no terreno da perícia, o que é inevitável, e então pensá-lo conforme a singular experiência que dele fazem os sujeitos em foco. Ou seja, produzir sentidos subjetivados no plano do processo judicial mesmo, e não acerca de outras eventuais situações *in absence*.

Não deixa de ser interessante, e mesmo perturbadora, a experiência de uma perícia psicanalítica no âmbito do fórum, pois ela instaura uma subjetivação da situação judicial quando esta situação processa justamente uma objetivação máxima dos conflitos entre as partes (Caffé, 2010). Não é difícil prever as tensões produzidas no encontro entre o dispositivo da escuta analítica e o dispositivo normativo-judicial. O *setting* adequado à perícia faz trabalhar esse campo de tensões, obtendo as produtividades possíveis. Seja como for, nesta particular aliança entre as práticas da psicanálise e do direito, tanto uma como outra saem modificadas em seus desenhos originários.

Qualquer que seja o caso, a montagem do *setting* psicanalítico decorre da compreensão das relações institucionais em jogo e dos efeitos produzidos em seus cruzamentos. É preciso observar o que acontece no encontro entre dispositivos diferentes, como a escuta analítica (referida ao método psicanalítico), e o dispositivo normativo-judicial, ou o pedagógico-escolar ou, então, o médico-hospitalar.

Tal observação é o que nos orienta na constituição da transferência institucional. Pois bem, nisto consiste a própria meta do trabalho psicanalítico e em razão do seu método: a psicanálise tem como finalidade clínica o trabalho com a transferência e sob transferência. A construção do novo *setting* para o trabalho analítico já é parte da sua intervenção característica, qual seja: achar as condições de produção de uma experiência reflexiva sobre os modos de subjetivação em uma dada prática institucional, sobre as suas finalidades gerais e os modos singulares pelos quais os sujeitos a realizam (ou não). É nisso que consiste a instalação da transferência institucional. Entretanto, é fundamental que nos reportemos à cena institucional dominante em que nos achamos, pois é dali que emergem os modos de subjetivação em análise, incluindo o psicanalista a ser reinventado.

Espero ter demonstrado que o estudo dos quadros institucionais genéricos instrumenta o psicanalista na atuação com agentes de outras áreas, oferecendo parâmetros para o estabelecimento de novas regras e condições ao trabalho clínico.

A pesquisa em psicanálise

A discussão sobre as atividades de pesquisa em psicanálise acentuam frequentemente as questões relativas ao método. Assim, procura-se definir o que é pesquisa a partir das peculiaridades do método psicanalítico. Esse é o argumento dos estudos relativos à "pesquisa fundamental", referida ao campo das análises clínicas. Como exemplo, tomarei o texto "A pesquisa em psicanálise", escrito por César Botella & Sara Botella (2003). Com vistas a organizar o difuso campo das pesquisas psicanalíticas, os autores afirmam que:

> [...] o funcionamento regressivo de dois psiquismos possibilitado pelas condições da sessão de análise, a via retrógrada dos processos de pensamento subjacente nas associações livres, e a atenção flutuante e passível de culminar em regressões tópicas formais, libidinal infantil de ordem temporal, [todos esses fatores] dependem de uma experiência que tem as propriedades necessárias ao surgimento dos processos inconscientes, o único "objeto psicanalítico" capaz de revelar novos fatos e causalidades psíquicas inconscientes, "vistas psicológicas" inéditas, próprias para aprofundar o conhecimento analítico e fazer aumentar a eficácia da prática. Assim consideradas, a teoria, a prática e a pesquisa analíticas só podem existir e evoluir em sua inseparabilidade dentro da sessão (p. 434).

Esta é a chamada "pesquisa *em* psicanálise". Nela não cabe "nenhuma intervenção técnico-científica (gravação, vídeo, medida, quantidade, estatísticas etc.)" (p. 438), recursos inconciliáveis com os procedimentos de uma sessão de análise.

Os autores reconhecem também, embora "superando certas reticências" (*sic*), a necessidade de uma outra forma de pesquisa, denominada "pesquisa *por* psicanalistas", que associa "[...] pensamentos e métodos científicos oriundos de outras disciplinas (psicologia, sociologia, medicina, ciências 'duras' etc.)" (p. 438). Essas pesquisas teriam a finalidade de "[...] manter um intercâmbio de ideias e provas com as demais disciplinas e instâncias sociais sobre a solidez e eficácia terapêutica da psicanálise" (p. 438).

A "pesquisa *em* psicanálise" é também nomeada como "pesquisa fundamental". O seu desenvolvimento se dá nas experiências regressivas da sessão inerentes ao procedimento de investigação psicanalítica,

> [...] prossegue na pós-sessão, onde a experiência da sessão desempenha o papel de um "resto de sessão" em parte inconsciente, um valor psíquico comparável a um resto diurno atuando no trabalho do sono [...] [que permite] [...] psiquicamente trabalhar o analista até fazer emergir nele, na esteira de uma elaboração, uma nova inteligibilidade... (p. 439).

Constitui-se, assim, uma hipótese teórico-clínica ou um novo conhecimento a ser comunicado, discutido e posto à prova entre os psicanalistas. "É a última etapa, ou seja, a de difundir e 'por à prova' a sua hipótese, que permitirá a validação de uma nova 'concepção' pela comunidade psicanalítica, o que envolve não poucas dificuldades que excedem largamente o campo de ação do pesquisador" (p. 440). Assim, temos as etapas, os critérios e as estratégias da pesquisa fundamental. Os autores seguem com algumas considerações políticas interessantes sobre os processos de seleção, difusão e comprovação dessas pesquisas, consideradas "vitais" para o desenvolvimento e a manutenção da "especificidade" da psicanálise. Vitais e fundamentais: as pesquisas *em* psicanálise.

Ao que tudo indica, esses autores não reconheceriam no trabalho psicanalítico situado na escola, no fórum ou no hospital, conforme apresentado anteriormente, os termos de um caso clínico psicanalítico visto no campo da pesquisa fundamental. Tais investigações estariam, certamente, no campo das pesquisas *por* psicanalistas. O caso é que, nelas, não poderíamos identificar os processos de investigação *inerentes* à psicanálise, posto que se acham combinados com os métodos e procedimentos de campos alheios ao nosso. Faltam-lhes as condições do método psicanalítico que, segundo os autores, ao que parece, estão ligadas às condições e estrutura de uma sessão de análise. Importante notar que as etapas da pesquisa fundamental coincidem com a descrição geral de uma sessão de análise, no modelo do sonho descrito por Freud. Fora dela não há condições *inerentes* à pesquisa e manutenção da *especificidade* da psicanálise. Conclui-se que as condições do método são as condições únicas da sessão de análise.

Relançam-se, assim, os binômios psicanálise pura e psicanálise aplicada, pesquisa pura e pesquisa aplicada, psicanálise *stricto sensu* e psicanálise em extensão, enfim, pesquisa fundamental e pesquisa... (voltam as "reticências" que se havia superado).

Os autores trazem questões muito interessantes, por exemplo, um levantamento rigoroso acerca do trabalho freudiano sobre os processos regredientes, indicando os pontos de viragem para uma metapsicologia menos centrada na representação e no sentido semântico, abrindo espaço para os registros e marcas da figurabilidade e do alucinatório, enquanto recursos do psiquismo e do trabalho peculiar a uma análise. Cesar Botella & Sara Botella colaboram, desse modo, para uma apresentação original e crítica acerca do método psicanalítico em uma sessão de análise. Porém, o que procuro destacar aqui são outros aspectos do texto: os seus efeitos ideológicos em repartir o campo entre as pesquisas fundamentais, por um lado, conforme o ouro puro da sessão de análise, modelo do processo investigativo *inerente* à psicanálise e, por outro, o cobre das pesquisas *por* psicanalistas, em terrenos institucionais distintos à psicanálise, com métodos distintos da psicanálise, pesquisas que não são *em* psicanálise... talvez *por* psicanalistas *fora* da psicanálise... e as reticências não cessam de voltar! Em certo sentido, podemos ver aí o encastelamento da psicanálise em seu território-rei, o consultório do psicanalista.

Até que ponto consentimos/admitimos a deriva desta condição de investigação do consultório particular do psicanalista? Ao que parece, temos – a comunidade psicanalítica – uma resistência ao translado do método a outras regiões institucionais, pois esse translado implica em uma modificação do método, certamente. Uma clínica psicanalítica viva não é estática, mas sim orgânica; cresce, adoece e pode morrer. Ela não está dada pelo ato fundador de Freud, mas deve ser refundada, relançada a cada vez ou a cada geração de analistas. Desencastelar o método psicanalítico da sessão de análise requer muito da teoria e das técnicas psicanalíticas. Tomando um ângulo do problema, o que está em questão nesta empreitada não é o método psicanalítico *apenas* (um critério dos Botella), mas as técnicas psicanalíticas. As técnicas que tornam possível transladar e instalar o nosso método de um *setting* de trabalho a outro. E não tanto as técnicas possíveis (embora elas também: podemos operar com "gravação, vídeo, medida, quantidade, estatísticas etc.?"), mas uma *teoria* da técnica, enquanto fundamentos para os procedimentos técnicos. Nesse sentido, uma contribuição interessante pode ser o estudo das relações institucionais genéricas que balizam as diversas práticas com as quais a psicanálise pode se aliar, oferecendo um prumo à invenção de novos *settings* clínicos.

Isto posto, podemos estender o termo pesquisa fundamental a todo caso clínico em psicanálise, nos diversos campos institucionais em que ocorra e não apenas no âmbito estrito de uma sessão de análise, de acordo com o modelo freudiano do sonho. É evidente que há diferenças substanciais em relação aos casos clínicos psicanalíticos, conforme os lugares e as condições em que ocorram. Entretanto, agrupá-los na categoria de clínica tem consequências teóricas e políticas importantes. Políticas, no sentido de que, ao nos deslocarmos do embaraço com que nos referimos às pesquisas fora do consultório, abriremos novos espaços de interlocução com práticas institucionais diversas, reconhecendo a legitimidade dos seus métodos característicos, bem como de outros modos de saber-fazer a clínica psicanalítica. O acento, aqui, não é tanto o campo da psicanálise, mas a psicanálise no campo maior das práticas institucionais, a sua especificidade *em relação* a outras práticas. Quanto às consequências teóricas, o benefício é abrir o método psicanalítico ao trabalho conceitual com outros referentes, dispondo o nosso "infusório" (conforme a menção de Freud no *Mais-além*) às trocas com o estrangeiro.

Concluindo, procurei demonstrar que, tratando-se da psicanálise, é possível falarmos em caso clínico pedagógico, caso clínico judicial, caso clínico hospitalar, tanto quanto em caso clínico que se realiza no consultório. Nos casos clínicos compostos com outras práticas, o seu limite e construção se definem no interior de um novo quadro institucional que não coincide com o quadro originário da clínica psicanalítica. Não se trata, portanto, de impor uma certa prática discursiva clínica na qual ela não cabe como a clínica analítica convencional dentro dos muros da escola, mas de construir outros modelos clínicos em parceria com os agentes de outras instituições. O que confere o estatuto de um caso clínico é abrigar o dispositivo do método psicanalítico, na experiência e análise da transferência institucional em curso, construindo sentidos subjetivados e partilhados sobre o que se vive, de acordo com os recursos técnicos e teóricos da nossa área. Reconhecer, portanto, os sentidos recusados da experiência institucional, os imaginários pelos quais ela se articula, os pactos inconscientes produzidos coletivamente e que obstaculizam ou possibilitam os feitos institucionais, através da formação de sintomas impedidores ou de soluções sublimatórias. Conhecer, enfim, os modos de subjetivação engendrados, colocá-los em perspectiva a fim de que outras subjetivações possam ser reconhecidas e/ou produzidas, conforme as possiblidades da prática em foco. E no foco das relações institucionais do lugar, fazê-las pensar. Construir o caso clínico.

Referências

BOLLAS, C. Abandonar o habitual: a derrota da psicanálise freudiana. In: GREEN, A. (Org.) *Revista Francesa de Psicanálise*: Psicanálise contemporânea: número especial, 2001. Rio de Janeiro: Imago; São Paulo: SBPSP, 2001.

BOTELLA, C. & BOTELLA, S. A pesquisa em psicanálise. In: GREEN, A. (Org.) *Revista Francesa de Psicanálise*: Psicanálise contemporânea: número especial, 2001. Rio de Janeiro: Imago; São Paulo: SBPSP, 2001.

CAFFÉ, M. Análise de alguns procedimentos da psicanálise e do direito. In: GUIRADO, M. & LERNER, R. (Orgs.) *Psicologia, pesquisa e clínica:* por uma análise institucional do discurso. São Paulo: Annablume; Fapesp, 2007.

_______. *Psicanálise e direito:* a escuta analítica e a função normativa jurídica. São Paulo: Quartier Latin, 2010.

DERRIDA, J. *Mal de arquivo:* uma impressão freudiana. Rio de Janeiro: Relume-Dumará, 2001.

FOUCAULT, M. *Em defesa da sociedade.* São Paulo: Martins Fontes, 1999.

FREUD, S (1900) A interpretação dos sonhos. *Edição Standard Brasileira das Obras Psicológicas Completas.* Rio de Janeiro: Imago, 1996; v. IV.

_______. (1912) A dinâmica da transferência. *Op. cit.*, v. XII.

_______. (1914) Recordar, repetir e elaborar (novas recomendações sobre a técnica da psicanálise II). *Op. cit.*, v. XII.

_______. (1937) Análise terminável e interminável. *Op. cit.*, v. XXIII.

GUIRADO, M. *Psicanálise e análise do discurso:* matrizes institucionais do sujeito psíquico. São Paulo: Summus, 1995.

KERNBERG, O. Psicanálise, psicoterapia psicanalítica e psicoterapia de apoio: controvérsias contemporâneas. In: GREEN, A. (Org.) *Revista Francesa de Psicanálise*: Psicanálise contemporânea: número especial, 2001. Rio de Janeiro: Imago; São Paulo: SBPSP, 2003.

MIJOLLA, A. *Dicionário internacional da psicanálise*. Rio de Janeiro: Imago, 2005.

POMMIER, G. *O amor ao avesso*: ensaio sobre a transferência em psicanálise. Rio de Janeiro: Companhia de Freud, 1998.

TRISKA, V. H. O que é a elasticidade da técnica psicanalítica? In: *Revista eletrônica do núcleo Sefhora,* volume V, número 9, nov./2009 a abril de 2010. Disponível em: http://www.isepol.com/asephallus/numero_09/artigo_05_revista9.html. Acesso em: 01 abr. 2010.

3.

A EPISTEMOLOGIA E A GENEALOGIA NO TRABALHO COM AS TEORIAS PSICANALÍTICAS

Apresentarei, neste texto, algumas reflexões sobre os métodos de trabalho com as teorias psicanalíticas, e os modos como lidamos com a multiplicidade de escolas e modelos clínicos em nossa área. Temos, a esse respeito, diversos repertórios ligados ao gosto de cada um e das instituições psicanalíticas, de acordo com os modismos de época que dispõem os autores no sobe e desce das gangorras de prestígio. Porém, os modismos não refletem apenas as posições ideológicas dos institutos formadores da opinião geral, mas indicam também o que se apresenta dominantemente na clínica de cada tempo. Certos autores, ultrapassados ontem, renascem hoje, mais afeitos ao diálogo com os problemas contemporâneos. Ademais, as reservas de mercado e as vicissitudes das transferências coletivas e particulares com os mestres e as correntes em voga são fatores que determinam, em grande escala, o modo de lidarmos com a pluralidade das teorias psicanalíticas. Organizam-se, assim, as escolas de um único autor, ou então aquelas que procuram guarda-chuvas maiores, afirmando-se em uma tendência "mais" francesa, "mais" inglesa ou "mais" americana. Ou aquelas que se reconhecem "mais" democráticas, ainda que procurem na filiação a Freud a garantia de uma autoridade intelectual fora de suspeita.

De todo modo, seja qual for o caso, é certo que mesmo as escolas de um único autor não deixam de convocar, no curso de seus ensinamentos, a babel psicanalítica com suas línguas e dialetos diferentes. Apresentam-se os autores no contraste/continuidade/desacordo/conflito entre suas respectivas teorias. Não é possível caracterizar o pensamento de Lacan sem distingui-lo das chamadas teorias do ego; ou estudar Winnicott sem remetê-lo às concepções clínicas de Ferenczi e Melanie Klein. De modo geral, as diferentes posições quanto à condução do processo analítico são evocadas com a finalidade de esclarecer e divulgar determinado autor, bem como, não raro, para execrar outros. Além disso, quase sempre, cada um e todos eles são remetidos ao contraponto/acordo/desacordo com Freud, o que é pensado por Foucault (1969) como um efeito do novo campo de discursividade inaugurado pela psicanálise, distinto do campo da ciência. No primeiro caso, a palavra do fundador tem um poder de autoria que não se dilui no coro de muitas vozes sobrepostas, referidas à universalidade do método, tal como ocorre nas práticas discursivas da ciência.

Considerando mais de perto, agora, as pesquisas e os debates institucionais sobre os diversos modelos psicanalíticos, nos parece uma prática comum e natural estudarmos as teorias nos termos de uma abordagem epistemológica. Esta, de um modo geral,

> [...] se preocupa com o modo de produção dos conceitos, com o funcionamento dos dispositivos teóricos estabelecidos pela disciplina, com a forma pela qual ela constrói, valida ou refuta suas hipóteses. Seu objeto é portanto a teoria concebida como armação racional [...] (Mezan, 2002, p. 437).

No plano de uma descrição epistemológica, apresentam-se, por exemplo, conceitos como inconsciente, pulsão, sexualidade, defesa etc., e mostram-se as articulações entre eles, bem como as operações sucessivas de suas elaborações. Observa-se que na constituição dos primeiros conceitos,

> [...] algumas hipóteses são forjadas e abandonadas, como, por exemplo, a de que o trauma que determina o sintoma atual está ligado à sedução. Essa hipótese é abandonada porque, a partir de um certo momento, Freud se dá conta de que os sintomas podem ser mais bem explicados pela ideia da fantasia, mais congruente com o sistema de conceitos que ele está inaugurando (Mezan, 2002, p. 459).

O questionamento da teoria do trauma a partir do postulado da fantasia implica a construção paulatina do conceito de sexualidade infantil. Nesse percurso, vemos a formulação, a validação e também a refutação de determinadas hipóteses, os movimentos de avanço, de continuidade e também os movimentos descontínuos, as rupturas e as contradições na gestação dos conceitos. Temos aí, não apenas o plano da descrição mas também o da análise epistemológica, mostrando como se constrói a teoria, que operações ela exclui na medida em que avança, e quais as novas relações que estabelece, os seus *turning points*.

No campo da psicanálise, a produção dos conceitos segue um caminho muito específico, que difere em boa medida do caminho das ciências, inaugurando novos paradigmas às concepções e modalidades do conhecimento. Desse modo, podemos falar de uma epistemologia psicanalítica, considerando que os conceitos se tramam em um arranjo bastante peculiar entre os elementos da lógica racional, mais afeitos aos processos psíquicos secundários, e os elementos do imaginário, em que sobressaem os mecanismos do processo primário. Assim, não é à toa que achamos, na obra freudiana, incontáveis referências aos mitos, às criações artísticas e literárias, aos sonhos e fantasias do próprio autor no processo de construção dos conceitos. Nessa linha, Assoun (1983) afirma que "[...] a metapsicologia parece ter sido a parte da psicanálise a mais dificilmente transmissível, porque a mais *personalizada* pelo exercício mesmo que Freud codificou ao exercê-la" (p. 104). Freud menciona esta condição intrínseca à teorização psicanalítica em diversas ocasiões. Uma das mais conhecidas e comentadas refere-se ao texto "Análise terminável e interminável" (1937): "Sem especulação e teorização metapsicológicas – quase disse 'fantasiar' [*phantasieren*] –, não daremos outro passo à frente" (p. 241).

Assoun observa que esta já é a posição de Freud quarenta anos antes, em 1895, conforme carta a Fliess:

> Durante estas últimas semanas, foi a esse trabalho que consagrei cada um de meus minutos livres. Todas as noites, entre 23 e 2 horas, não fiz outra coisa senão imaginar [*phantasieren*], transpor [*ubersetzen*], adivinhar [*erraten*] – para só me interromper quando esbarrava com algo absurdo ou me sentia exausto (*apud* Assoun, 1983, p. 104).

Porém, se é verdade que a racionalidade científica não define toda a natureza da teoria psicanalítica, a *phantasieren* que participa da sua constituição não equivale a uma fantasia qualquer, e também não se identifica à irracionalidade. A marca revolucionária do saber psicanalítico está em uma peculiar transação entre esses elementos. Japiassu (2009) assim o diz: a psicanálise introduz na

> [...] cultura uma disjunção, algo que vai modificar na cultura a representação da ciência e a relação do pesquisador

> com seu saber. Assim, longe de ser lançado às margens da ciência por insuficiência de rigor epistemológico, o discurso psicanalítico está em condições de dirigir às ciências "constituídas" (instituídas e institucionalizadas) uma questão suscetível de proporcionar uma transformação em profundidade da própria cultura científica (p. 71).

Mezan apresenta os limites de uma abordagem epistemológica em relação à abordagem histórica, observando que nenhuma delas pode, isoladamente, esgotar as possibilidades de uma análise crítica:

> [...] a análise epistemológica – ao se concentrar no funcionamento da teoria – tem de fazer abstração de uma série de aspectos da disciplina sobre a qual se debruça. A bem dizer, ela ocupa uma posição *mediana* entre as várias formas de abordagem de um corpo de conhecimento. A abordagem histórica se situa "a montante" da epistemologia: ela visa elucidar, como disse anteriormente, as condições em que se originou seja a disciplina, seja uma parte específica dela – por exemplo, de que modo Lacan ou Melanie Klein, partindo das ideias de Freud, foram levados a formular suas próprias teorias... Isto porque a própria teoria possui uma história... e, se a história frequentemente é indispensável para compreendê-la, do ponto de vista epistemológico ela é um preâmbulo –

> eventualmente necessário, mas preâmbulo (Mezan, 2002, p. 441).

Ainda sobre os vários planos de investigação, o autor afirma que a psicanálise não se reduz a um aparelho conceitual que tem a sua racionalidade própria, mas se fundamenta na prática clínica. Esta requer do analista não apenas o conhecimento teórico mas, fundamentalmente, a mobilização e o trabalho com seus próprios recursos psíquicos, a partir da sua experiência de análise pessoal. Consideramos, por exemplo, que o analista deve operar com o não saber, ou então fazer do próprio sintoma um guia para o trabalho, conforme o saber constituído em sua análise. Estas são expressões usuais entre os psicanalistas e indicam uma dimensão da atividade clínica que não se forja na racionalidade das armações conceituais e que, portanto, não permite uma abordagem exclusivamente epistemológica. A psicanálise exige diferentes formas de abordagem.

Voltando à epistemologia, Mezan (2002) cita diversos modelos e discussões no campo da psicanálise, apresentando algumas ideias de Gérard Lebrun, Bachelard, Freud, Politzer, Assoun, dentre outros. Termina com a apresentação e análise minuciosa de um texto de Joyce McDougall acerca de um atendimento clínico, revelando a complexidade e heterogeneidade dos elementos em jogo, bem como o lugar e o papel da teoria no relato transferencial da autora.

Procuremos, agora, outros ângulos de reflexão sobre as abordagens epistemológicas. Comecemos por considerá-las em sua referência primeira ao campo das ciências. Como se sabe, um discurso científico deve cumprir com determinadas regras na construção dos conceitos e enunciados, sendo o que lhe confere o *status* de ciência. De modo geral, a epistemologia se ocupa justamente com a questão da cientificidade de um conhecimento, com a história da formação dos conceitos e objetos em vista, com as suas passagens de um nível pré-científico a um nível científico. Em uma perspectiva foucaultiana, é possível pensar que, mesmo considerando uma abordagem epistemológica ajustada às condições discursivas da psicanálise, ou seja, que leve em conta que esta última não cumpre os requisitos de um conhecimento científico, enfim, mesmo consideradas as suas diferentes concepções (algumas delas citadas no texto de Mezan), uma abordagem epistemológica:

> [...] "é necessariamente escandida pela oposição da verdade e do erro, do racional e do irracional, do obstáculo e da fecundidade, da pureza e da impureza, do científico e do não científico" (Foucault *apud* Machado, 2006). Investigando a validade ou a racionalidade do conhecimento, ela [a epistemologia] necessariamente se situa em uma perspectiva normativa [...] (Machado, 2006, p. 155).

É neste ponto que se justifica a pertinência das análises que mobilizam o recorte histórico. Dentre elas, a genealogia diz respeito a uma perspectiva apresentada por Nietzsche, no campo da filosofia, e desenvolvida amplamente por Foucault a partir dos anos 1970, cujos livros mais conhecidos são *Vigiar e punir* e *A vontade de saber*. A genealogia refere-se ao aspecto contingencial, estratégico e mesmo tático na constituição das teorias, colocando a verdade como produto de relações políticas e ideológicas, e não como produto de um jogo lógico forjado na racionalidade de um método.

Na ótica foucaultiana (Cf. Foucault, 1979), porém, a abordagem genealógica não viria "compor" com a abordagem epistemológica os resultados de uma análise profícua acerca das teorias e seus fundamentos. Essas abordagens não seriam como dois planos distintos, ainda que muito imbricados, correlatos e mutuamente necessários, cada qual com a sua incompletude em função dos próprios limites que as constituem. O argumento de Foucault com respeito à genealogia não advém do fato de que nenhuma das abordagens pode dar conta, isoladamente, de todo o campo da análise, daí a necessidade da abordagem histórica. Não é assim que o autor a introduz. Para ele, "As formas originais do pensamento se introduzem por si mesmas: sua história é a única forma de exegese que elas suportam, e seu destino a única forma de crítica"[1].

[1] Citação na epígrafe de abertura do livro de Didier Eribon, *Michel Foucault e seus contemporâneos*. Rio de Janeiro, Jorge Zahar, 1996.

Foucault (1979) distingue a genealogia de outras investigações históricas clássicas, e também da epistemologia. Eis alguns dos seus procedimentos típicos:

1) A genealogia opera com os saberes em suas localizações gerais, dispersas e heterogêneas, e não estritamente com os saberes ditos científicos, organizados em unidades como a história, a sociologia, a psicologia etc. A ciência é um saber que obedece a determinadas regras de formação discursiva, mas toda ciência pode também ser analisada no campo geral do saber. A genealogia não se preocupa com a cientificidade dos discursos do modo como a epistemologia o faz. Assim, a genealogia não visa a hierarquização científica do conhecimento; produz análises fragmentárias, reativa aos saberes locais de diversas espécies, ela mobiliza "[...] saberes libertos da sujeição que emergem desta discursividade" (p. 172). Não trabalha sempre com as regularidades que se repetem, mas com o descontínuo, com o desencaixe dos planos no interior dos discursos.
2) Em contraste com as investigações históricas clássicas, a genealogia se opõe à investigação da origem. Na tradição metafísica, a origem está associada ao lugar exato da verdade,

> [...] a essência exata da coisa, sua mais pura possibilidade, sua identidade cuidadosamente recolhida em si mesma [...] Procurar uma tal origem é tentar reencontrar "o que era imediatamente", o "aquilo mesmo" de uma imagem exatamente adequada a si... gosta-se de acreditar que as coisas em seu início se encontravam em estado de perfeição; que elas saíram brilhantes das mãos do criador, ou na luz sem sombra da primeira manhã (Foucault, 1979, pp. 17-18).

A genealogia toma a história na perspectiva de "conjurar a quimera da origem".

3) A genealogia considera o saber perspectivo, recusando a sua caracterização como neutro, depurado de interesses alheios a sua matéria. Nessa linha, não há uma antinomia entre saber e poder. Portanto, o conhecimento, em qualquer das suas modalidades (referido à ciência, literatura, medicina etc.) não é isento de ideologias; pelo contrário, integra ativamente os jogos de poder em vigência no campo social. Há sempre um olhar estratégico e tático na produção do conhecimento. Nesse sentido, ele não estabelece uma relação de harmonia com os seus objetos, não está do lado da justiça e da imparcialidade. Pelo contrário, o conhecimento faz "[...] nascer os perigos; abate as proteções ilusórias; desfaz a unidade do sujeito [...]" (1979, p. 36).
4) Em razão disso, a genealogia não busca enfatizar ou restaurar a unidade de um corpo do conhecimento,

identificar a sua identidade ou achar nele as marcas da nossa identidade; pelo contrário, faz aparecer as descontinuidades e heterogeneidades que o atravessam.

Como se pode ver, a perspectiva genealógica apreende os conceitos de dada disciplina a partir das condições de possibilidade forjadas no tempo histórico do seu surgimento, de acordo com as relações de poder que os favoreceram. Aqui, não se toma um conceito no registro da verdade em oposição ao erro ou à ignorância, conforme a lógica da racionalidade a que está referido, mas, sim, no registro da política, na acepção mais ampla do termo. Por exemplo, o conceito de Édipo não é visto como expressão de uma verdade intrínseca e essencial do homem em qualquer civilização, como um operador central e universal na constituição da linguagem, ou como lei na fundação da cultura[2]. Considerando a ótica genealógica de Judith Butler (2003), por exemplo, podemos pensá-lo como construção datada e singular de uma organização da sexualidade, ou seja, como modo de subjetivação forjado nas sociedades patriarcais, constituindo nada menos que a matriz da heterossexualidade compulsória no Ocidente. Tal dispositivo opera o recalcamento dos desejos incestuosos a partir do recalcamento da homossexualidade, conforme a análise da autora, o que não se enuncia no plano epistemológico da teoria psicanalítica.

2 De acordo, por exemplo, com Deleuze & Guattari (2010) e Tort (2008).

Portanto, em uma perspectiva genealógica, o conceito de Édipo, longe de ser uma noção abstrata que pertence à teoria enquanto campo de saber depurado das ideologias, indicaria uma prática discursiva produzida em um tempo histórico, cuja finalidade política trabalha o recalcamento e a exclusão de certas configurações de gênero. Mais uma vez, o conceito postulado por Freud não diria respeito a uma realidade universal da natureza humana, e sim a um modo característico de subjetivação em suas engrenagens mais sutis. A tomada de uma ou outra dessas perspectivas implica práticas clínicas radicalmente diferentes: no segundo caso, tende-se para uma abertura maior quanto ao (re)conhecimento de novos modos de subjetivação, sem remetê-los rapidamente à categoria de patologização em relação à norma edípica (cf. Caffé, 2012). É necessário considerar que o escopo de uma investigação epistemológica, seja qual for, não apanha os elementos ideológicos e políticos do conceito de Édipo. Tal é a perspectiva de uma investigação genealógica. Isso é levado às últimas consequências na reflexão de Butler (2003), ao ponto de nela se identificarem o plano do desenvolvimento de uma teoria com uma plataforma política de ação clínica.

Com estes parâmetros, podemos concluir que as teorias psicanalíticas não apenas vêm preparar/possibilitar/impedir/constituir o andamento da experiência clínica. As teorias realizam uma intervenção no campo social, e não só por meio do exercício clínico concreto, mas também no plano da sua elaboração e divulgação editorial. Praticamos um dispositivo de subjetivação na invenção e reprodução das teorias, estejamos ou não engajados na sua reflexão ética e política[3]. A clínica psicanalítica compreende todo esse conjunto, não se reduzindo aos encontros realizados nos consultórios dos analistas. Por esta razão, o modo como investigamos as nossas teorias constitui um tema fundamental da pesquisa em psicanálise.

Alguns problemas com as epistemologias e genealogias da psicanálise

A partir dessas coordenadas, vamos considerar alguns problemas no trabalho com as teorias psicanalíticas. Muitos estudos em nossa área procedem à comparação entre as diferentes teorias, restrita ao campo da epistemologia, silenciando sobre as coordenadas históricas e ideológicas na formação dos conceitos. Esse resultado se liga, pelo menos, a dois fatores: 1) à tradição da metafísica ocidental no trabalho com os diversos saberes, que alija o conhecimento das condições ideológicas que o constituem; e 2) à história do movimento psicanalítico, no qual a transmissão do saber se dá de modo peculiar, regido pela transferência, cujos efeitos ocasionam, muitas vezes, e dentre outras coisas, inibições

[3] A historiadora norte-americana Elaine Showalter, em seu livro *Histórias histéricas: a histeria e a mídia moderna* (2004), apresenta com especial clareza o papel determinante das teorias na produção das psicopatologias que se observam na clínica.

bastante características do pensamento dos analistas. Nessa linha, temos as experiências de apagamento da história no âmbito das próprias instituições psicanalíticas, que não procedem à reflexão crítica sobre os acordos, conflitos, rupturas e recalcamentos que marcam constantemente os seus quadros, deixando de fora a observação sobre os seus processos grupais. Isso teria colaborado, inclusive, para que o tema referente aos grupos não figurasse nas pesquisas psicanalíticas, sintoma de uma recusa que apanha todo o campo institucional. Nas palavras de Kaës (1997):

> Minha tese é a de que o grupo constituiu a matriz fecunda e traumática da invenção da psicanálise, de sua instituição e de sua transmissão: sua teoria e sua prática carregam os traços das apostas apaixonadas, muitas vezes violentas e repetidamente traumáticas, postas na sua fundação [...] essa imbricação não pensada mantém o grupo como questão indefinidamente suspensa, rejeitada e desprezada (p. 25).

Por essas razões, o trabalho habitual com as teorias psicanalíticas restringe-se ao campo da epistemologia. Comparam-se os seus paradigmas, os encadeamentos conceituais e os modelos clínicos correspondentes, avaliando-se como cada uma interage, valida ou refuta as hipóteses das outras, identificando-se os pontos em que são concorrentes, contraditórias, conflitantes ou complementares entre si.

Entretanto, qual o alcance de uma comparação entre as teorias psicanalíticas consideradas no plano da epistemologia? Ora, em uma medida bastante importante, podemos pensar que as teorias psicanalíticas não são "concorrentes" ou "contraditórias" ou "conflitantes" entre si, porque na realidade não são plenamente "comparáveis". As teorias de Klein e Lacan, por exemplo, nascem para responder a determinados problemas, e problemas que não se reportam apenas às singularidades deste ou aquele paciente/analista sob transferência, mas que se instituem fundamentalmente na experiência histórica em que surgiram. Os problemas pensados por qualquer teoria são datados, situados num certo tempo e espaço, e por isso não permitem um tratamento fora da história. Desse modo, os problemas tratados por Lacan e Klein são problemas distintos, não plenamente redutíveis a uma relação de comparação. A comparação talvez seja uma doença da epistemologia, uma tentativa de levar aos "noves fora, zero", ou seja, a um radical comum essencial desde onde as comparações se façam. Radical identificado ao que seria o "específico" da psicanálise, a sua "essência", nomeada, muitas vezes, como a "radicalidade da experiência freudiana", como se essa radicalidade comportasse um modo instituído determinado. O "específico" da psicanálise, o que quer que seja, é contingencial, circunstancial, não só na singularidade de cada experiência humana, mas no plano social maior, no tempo e no espaço da comunidade maior. Portanto, há "específicos", no plural. Psicanálises, no plural.

De outra forma, caímos no essencialismo e reforçamos, no âmbito da metapsicologia, as categorias de uma metafísica que desativa a sua potência subversiva.

Configurar os problemas colocados/respondidos/tratados pelas diversas teorias, desde as suas inscrições históricas: aí, sim, a conversa entre as teorias pode ficar produtiva! Considerar, enfim, o que as psicanálises vêm responder/colocar ao seu tempo e espaço social, na mesma medida em que se fazem prática clínica. Quais as consequências de não se considerar o vetor social maior entranhado à produção teórica? Silencia-se a dimensão política das teorias e das práticas clínicas, que são práticas discursivas, ações estratégicas, táticas, programas de intervenção no plano das coletividades.

Por outro lado, há que observar, também, os riscos de certas investigações históricas em psicanálise que desconsideram os referentes do nosso campo característico. Refiro-me, aqui, a determinadas manobras que relacionam diretamente os quadros da clínica psicanalítica às definições da sociedade atual, postulando subjetividades mais "típicas" do nosso tempo. Nestes casos, as descrições gerais da sociologia, da história ou da economia são importadas para o campo da psicanálise em passagens diretas, sem nenhuma consideração à migração de conceitos. Rudge (2006) afirma:

> Na pretensão de integrar campos distintos, ao se diagnosticar o sujeito contemporâneo como perverso, *borderline* ou melancólico, o que se consegue é eliminar

> completamente a ideia da singularidade em nome de um sujeito médio que representaria a sociedade (p. 14).

Trabalha-se, então, com a noção de uma subjetividade contemporânea baseada na universalização de certas experiências, ou seja, com a ideia de um sujeito coletivo, definido por alguns traços que se mostram regularmente, o que contraria o fato de que

> [...] dentro de uma mesma cultura herdamos muitas tradições, às vezes incompatíveis, e fazemos coisas muito conflitantes... Os sujeitos encontram uma sociedade bastante mais multifacetada do que essas descrições excessivamente generalistas poderiam sugerir (*idem*, *ibidem*, pp. 15-16).

Conforme vimos, não há dúvida quanto à necessidade de levarmos em conta a história e as condições sociais e políticas na condução da nossa prática teórico-clínica, o que lhe é intrínseco. Porém, é preciso trabalhar essas relações no *interior* do campo psicanalítico, sem recorrer aos apliques diretos. Proceder a uma genealogia das teorias psicanalíticas não significa enxertar, nelas, a história, a economia ou a sociologia, a partir do seu exterior, ou seja, fabricar estas relações *ex-nihilo*. Nessa linha, Roberto Machado (2006) afirma que, nas abordagens genealógicas, não se deve

> [...] procurar as condições de possibilidades históricas das ciências do homem nas relações de produção, na infraestrutura material, situando-as como uma resultante superestrutural, um epifenômeno, um efeito ideológico. A questão não foi relacionar o saber – considerado ideia, pensamento, fenômeno da consciência – diretamente com a economia [...] O que fez a genealogia foi considerar o saber – compreendido como materialidade, prática, acontecimento – peça de um dispositivo político que, como tal, se articula com a estrutura econômica (p. 176).

Assim, a psicanálise não versa diretamente sobre o objeto da história, da economia ou da sociologia. No dizer de Joel Birman, por exemplo,

> Pode-se sublinhar a presença, na obra de Freud, não de uma crítica da modernidade enquanto tal – o que seria ingênuo, já que a modernidade é uma produção da ordem da história –, mas dos impasses que a modernidade constituiu para o sujeito (Birman, 2000, p. 139).

Ou seja, a psicanálise indica o referente histórico em uma articulação específica com a subjetividade. Aqui, o conceito "dobradiça" de sujeito psíquico formulado por Marlene Guirado (1995) nos oferece um bom instrumento de trabalho. Nos termos da autora, o conceito "dobradiça" deve articular ao mesmo tempo "as singularidades discursivas e o regime discursivo", ou ainda "os autores das cenas enunciativas e as condições de enunciação". Na constituição subjetiva, tais referentes se imbricam, amalgamam, porém não se reduzem um ao outro. Mantendo-se todos os termos, diz-se, então, de um "*sujeito* que só se pode dizer *psíquico porque institucional*" (Guirado, 1995, p. 18).

Fiquemos com isto: as singularidades discursivas e o regime discursivo, ou, então, os autores das cenas enunciativas e as condições de enunciação. A dobradiça é o dispositivo de articulação desses planos no interior do campo psicanalítico. Aí não se está no âmbito de uma epistemologia pura e nem no campo de uma genealogia externa às nossas práticas características.

O tempo e a história na formação da teoria freudiana

Com esses parâmetros, vejamos o que é possível pensar sobre o registro do tempo e da história na formação da teoria freudiana. Podemos tomar os escritos de Freud na perspectiva de uma reflexão aguda sobre a sociedade ocidental moderna. Em sua origem, a clínica psicanalítica revolucionou a abordagem médica sobre a histeria e a loucura justamente por dispor de uma interpretação fina das condições políticas e das estruturas de poder na época, o que permitiu uma leitura acurada dos modos de subjetivação correspondentes. Eis a dobradiça.

Ocorre que, na obra de Freud, tal dispositivo de análise requer um trabalho de reconhecimento, pois nem sempre se apresenta de forma direta, mas também recoberto, ou apenas aludido, o que pode comprometer a sua potência criadora, engessando a teoria num tempo fora da história. Como afirma Michel Plon (2002), Freud, apesar de evocar constantemente a história das civilizações e das religiões, a filosofia e a mitologia,

> [...] nunca menciona, pelo menos explicitamente, o campo da política [...] Esta ausência, no que se refere a uma designação explícita, nem por isso deve ser considerada como indicação de um desinteresse para com os processos políticos. Muito pelo contrário, a preocupação com a "coisa política" seja por meio de alusões, metáforas ou perífrases, é por assim dizer onipresente. Tanto no conjunto dos textos evocados [*Delírios e sonhos na Gradiva de Jensen*, de 1907; *Moisés e o Monoteísmo*, de 1938; *A questão da análise leiga*, de 1926; *Novas Conferências Introdutórias sobre Psicanálise*, de 1933], como também em outros e particularmente em *O mal-estar na cultura*, encontramos desdobramentos e observações suscetíveis de abrirem o caminho para uma reflexão teórica, que teria, por objeto, a prática política e algumas de suas características (pp. 147-148).

Desentranhar do pensamento freudiano esse analisador político dos modos de subjetivação pode ser a tarefa de uma genealogia, dialogando a obra com as produções da história, da sociologia, da filosofia etc., e fundamentalmente com as práticas da clínica psicanalítica.

Para pensarmos a teoria psicanalítica em suas relações complicadas e produtivas com os tempos da história, é interessante observar o modo como conceitos centrais da área se articulam com as produções da mitologia, sem considerá-las, porém, em suas interpretações datadas. É o caso, por exemplo, dos conceitos de Édipo e narcisismo, cujas relações com os mitos gregos correspondentes lhes são intrínsecas e fundamentais. Porém, no trabalho com esses mitos, nem sempre observamos que cada época os recebe com suas próprias lentes. O Édipo e o Narciso tomados por Freud entre os séculos XIX e XX carregam inscrições históricas que lhes são inseparáveis, e que diferem daquelas em jogo no século XII, por exemplo, ou no século XXI. Do contrário, podemos pensar que os conceitos freudianos, assim como os referidos mitos, dizem respeito a uma condição humana essencial, universal e imutável desde os tempos mais remotos. E de fato, se o recurso aos mitos presta nexos riquíssimos aos próprios conceitos, por outro lado também os lançam em uma névoa perdida na poeira dos tempos. Esses dois aspectos podem ser surpreendidos, por exemplo, em *Totem e tabu* (Freud, 1913), que trata da formação da sociedade humana desde os tempos pré-históricos, conforme a menção de Freud a um outro mito, desta vez um "mito científico", referido a hipótese de Darwin sobre o assassinato do pai da horda primeva por seus filhos. Vejamos.

Na busca de um sentido mais preciso acerca dos mitos, é possível distingui-los, por exemplo, da fantasia. Pautado em um estudo de Piera Aulagnier, Mezan (1995) afirma que o mito se refere a

> [...] uma explicação "partilhada", cujo objeto é o sentido e a origem daquilo que é. O mito pertence ao mesmo registro que a religião e a ciência, e não ao da fantasia inconsciente A garantia de verdade do mito não é a sua conformidade ao desejo inconsciente, mas sua transmissão fiel desde os tempos antigos pela memória da comunidade [...] o mito não surge porque as sociedades que o investem ignorem o princípio de realidade, mas porque os esquemas da causalidade admitidos por essas sociedades comportam a explicação mítica (pp. 58-59).

No caso de *Totem e tabu* (1913), Mezan considera que a referência freudiana ao "mito científico" não se faz, portanto, em busca da verdade objetiva de um fato histórico, e sim como recurso para pensar a origem da civilização,

> [...] e a origem só pode ser pensada sob a forma do mito [...] [uma vez que] [...] a inverificabilidade total é o destino de toda afirmação sobre a origem... Neste sentido, ele é inverificável, e ao pretender, na antropologia explícita, um valor de verdade, torna-se uma teoria duvidosa [...]

> Mas, no plano individual, ele contém em resumo as vicissitudes de cada história singular, e é por esta razão que a psicanálise não o pode dispensar (Mezan, 1990, p. 353).

No recorte desta reflexão, o mito de *Totem e tabu* opera na estrutura da sua intemporalidade, e não propriamente a partir da sua localização histórica factual. Está claro que este resultado se deve ao ângulo priorizado por Mezan na referida passagem, e não exclui ou invalida outros ângulos de abordagem – e nem mesmo se pode comparar completamente com eles, conforme veremos agora, ao levarmos em conta a perspectiva genealógica.

Pois bem. Retomemos a última citação de Japiassu. O autor dizia das contribuições inestimáveis que a psicanálise trouxe às teorias da ciência, inaugurando novos paradigmas à produção do conhecimento. Na sequência, Japiassu (2009) adverte: "Contudo, quando a psicanálise se 'esquece' de sua própria historicidade, de sua relação interna com os conflitos de poder e lugar, corre o risco de tornar-se seja um mecanismo de pulsões, seja um dogmatismo do discurso ou uma gnose de símbolos" (p. 71).

Esse risco está presente em *Totem e tabu*. Se de um lado temos as condições favoráveis e inovadoras do recurso freudiano ao mito do pai da horda, é possível observar também que ele não dá lugar ao contexto histórico do próprio texto, tornando invisíveis as condições sociais e políticas contemporâneas à formação dos conceitos em jogo, lançando-os, assim, em uma névoa perdida na poeira dos tempos, ou seja, na marca de um tempo imemorável, referido à pré-história humana. Entretanto, em uma abordagem genealógica do texto, é possível localizar tais condições, abrindo outras interpretações igualmente pertinentes a *Totem e tabu*. Considerando-o na chave da história, podemos pensar que o texto trata também de uma reflexão sobre as condições da sociedade ocidental moderna, que se coloca na passagem para o sistema capitalista. Nas palavras de Roudinesco (2000):

> Assim, *Totem e tabu* pode ser lido como um livro mais político do que antropológico. Ele propõe, com efeito, uma teoria do poder democrático centrada em três exigências: ato fundador, instituição da lei e renúncia ao despotismo (p. 132).

Dentre os autores brasileiros, Joel Birman desenvolveu uma ampla reflexão a respeito, observando que *Totem e tabu* alude à queda do regime monárquico, com a deposição do rei conforme representada no assassinato do pai da horda, e ao início de uma sociedade democrática, governada no interesse comum a todos, uma sociedade igualitária, entre irmãos. O novo pacto social deslocou os sujeitos da posição passiva frente aos mandos da tradição e das autoridades religiosas, conferindo-lhes um novo sentimento de independência e autodeterminação, bem como, ao mesmo tempo, o profundo desamparo vivido na maior responsabilização pelo próprio destino (cf., por exemplo, Birman, 2006). A noção de um indivíduo que se afirma pela razão, que possui uma consciência dilatada sobre os seus próprios conflitos e sentimentos, que reconhece o espaço de uma interioridade própria onde se desenrolam os dramas existenciais do seu mundo privado, tal noção só poderia nascer nas condições sociais, políticas e econômicas da Europa ocidental na aurora da modernidade.

Pois bem. É a esse sujeito que pode corresponder um "aparelho psíquico" estruturado conforme o modelo traçado por Freud, com os conceitos de conflito, defesa, inconsciente, pulsão, desejo, narcisismo, complexo de Édipo etc. Nessa perspectiva, o "mito científico" da horda não apresentaria apenas a origem da civilização projetada em um tempo alhures, fora da história, mas sim as condições de enunciação da *modernidade*, situada entre os séculos XVII e XIX, na qual se constituem modos de subjetivação próprios, em que nascem Narcisos e Édipos, eus e outros, no sentido freudiano. Vemos, assim, a importância de se considerar as diversas temporalidades na estrutura do mito, cujas combinações se refazem a cada época histórica em que é tomado. No plano discursivo do mito, o tempo imemorável e o tempo da modernidade não são assimiláveis ou redutíveis entre si, nem tão pouco separáveis, mas operam juntos, o que justifica a sua utilização e articulação na abordagem freudiana das origens, tema de *Totem e tabu*.

Podemos pensar que as colocações de Mezan referidas anteriormente sobre o mito se apoiam em uma visada mais epistemológica, enquanto as colocações de Plon, Rodinesco e Birman em uma visada mais genealógica. Trata-se de dois paradigmas de interpretação diferentes, que não devem ser reduzidos a uma comparação na chave do verdadeiro ou falso, nem serem tomados como complementares entre si. De todo modo, na perspectiva genealógica, menos utilizada na tradição psicanalítica, temos outra (mais uma) localização histórica para o referido "mito científico", o que opera sentidos fundamentais à obra freudiana, no tempo e no tecido da sua fundação, pois indica não apenas as singularidades discursivas referidas à castração, ao Édipo, às identificações formadoras das instâncias ideais etc., *como indica também o regime discursivo em que isto se engendrou*. Uma coisa não se ilumina sem a outra. O regime discursivo diz respeito às condições da sociedade moderna, com suas estruturas particulares de poder. É o que podemos ver com especial clareza nos chamados textos culturais de Freud[4]. As singularidades discursivas são aquelas que se evidenciam especialmente nos escritos clínicos de Freud, referidas aos processos de subjetivação em jogo na experiência

[4] Conforme, por exemplo, *Moral sexual civilizada e doença nervosa moderna* (1908); *Totem e tabu* (1913); *Reflexões para os tempos de guerra e morte* (1915); *O futuro de uma ilusão* (1927); *O mal-estar na civilização* (1930); *Moisés e o monoteísmo* (1939) etc. Nesses textos, Freud não apresenta sempre as mesmas considerações quanto às instituições sociais e a vida moderna; sua obra é marcada por movimentos complexos e heterogêneos, conforme avançava na direção da segunda teoria das pulsões.

psicanalítica, sob transferência, concomitantemente ao que se teorizava no plano da metapsicologia freudiana. Essa divisão é apenas ilustrativa dos acentos em questão, pois os conceitos de inconsciente, pulsão, sexualidade infantil, complexo de Édipo, narcisismo, identificação etc., se fazem na análise (que é também construtiva) do regime discursivo da época *e* das singularidades aí produzidas. Portanto, no lugar em que se encontram *ambos* os referentes.

Na clínica freudiana, o que articula esses dois planos é a oferta, pelo dispositivo analítico, de uma interpretação crítica sobre o poder e as relações políticas da modernidade. Tal dispositivo, com todo o seu aparato de "escuta", permite "ouvir" as formas de subjetivação, os enunciados singulares que se apresentam sob transferência nas análises. Nessa perspectiva, há mais política nos dispositivos psicanalíticos do que pode sonhar a nossa vã epistemologia!

Narciso fora de si: a versão do século XXI

Desse modo, manter viva a psicanálise significa o constante refazer do seu campo conceitual, de acordo com o que podemos considerar sobre os aspectos políticos e as relações de poder que se refazem, também, a cada época. As atuais condições de enunciação não estão inteiramente previstas nos manuscritos de Freud. Assim, subverter o texto freudiano é um dos meios de sua transmissão.

No intuito de um breve exercício, consideremos, por exemplo, o conceito freudiano de narcisismo de acordo com o regime discursivo de nossa época, ou seja, levando em conta algumas condições contemporâneas de enunciação. Tal conceito, apresentado por Freud em 1914 (cf. Freud, 1996), além de se referir a uma fase libidinal e a uma estrutura psíquica, *indica também um modo de subjetivação que emerge no século XVII e toma uma forma crítica no século XIX* (eis aí o regime discursivo da época tramado no conceito em questão). Trata-se da construção social de um eu dotado de interioridade psicológica, referenciado no exercício da razão e do livre-arbítrio, em contraste com a situação histórica anterior, em que se achava em uma relação mais holística com a natureza e fortemente determinada pela matriz religiosa. Nasce, propriamente, o indivíduo, que compõe com outros indivíduos a coletividade própria do sistema econômico liberal. Segundo Fuks (2000), devemos considerar os

> [...] traços essenciais de um modo de diferenciação e individuação que é próprio da modernidade e que aponta para um imaginário de "interioridade". A instauração da propriedade e a constituição da privacidade, com a criação concomitante de espaços diferenciados entre o privado e o público, alcançam seu ápice com o indivíduo burguês, pelo menos no mundo capitalista ocidental. Propriedade, privacidade, individualidade e intimidade, a partir de um

> "interior", permitem estabelecer a relação com os outros e com o próprio corpo (p. 207).

No espaço dilatado dessa interioridade, desenrolam-se os dramas e os conflitos de Narciso, apreendidos/percebidos/construídos por Freud.

Pois bem! Como estamos hoje em relação a estes parâmetros? O regime social no ocidente do século XXI prevê as mesmas condições de enunciação para a experiência de uma interioridade conflitiva e desejante? Sem dúvida, isso parece nos caracterizar. Porém, temos também outros referentes. Alguns autores apontam o fenômeno de estreitamento do espaço da interioridade em função da chamada cultura do espetáculo, em que as experiências tendem a se visibilizar no espaço público, em uma exterioridade expandida. É o que se observa, por exemplo, nos programas televisivos do tipo *reality show*, bem como no âmbito da mídia virtual, conforme a enorme profusão de vídeos amadores que levam o quarto e a intimidade das pessoas para os quatro cantos do mundo. Nessa linha estão também as comunicações mediadas pelas técnicas de reprodução das imagens, que garantem registros rápidos e envios instantâneos, como aquelas através dos celulares. Além disso, em decorrência da grande difusão desses aparelhos, ouvimos constantemente nas ruas, metrôs, bares, cinemas etc., um pouco das brigas, discussões ou declarações amorosas dos transeuntes anônimos que cruzam o nosso caminho. A vida privada reverbera cada vez mais na praça pública. Conforme observa Benilton Bezerra (2002),

> Se na cultura do psicológico e da intimidade o sofrimento era experimentado como conflito interior ou como choque entre aspirações e desejos reprimidos e as regras rígidas das convenções sociais, hoje o quadro é outro. Na cultura das sensações e do espetáculo, o mal-estar tende a se situar no campo da *performance* física ou mental falha, muito mais que em uma interioridade enigmática que causa estranheza. [Aparece] [...] uma subjetividade exteriormente centrada, avessa à experiência de conflito interno, esvaziada em sua dimensão privada idiossincrática e mergulhada em uma cultura cientificista que privilegia a neuroquímica do cérebro em detrimento das crenças, desejos e afetos (pp. 235-237).

Nessas condições, referidas por Bezerra como "o ocaso da interioridade", em que se esfumaçam as fronteiras entre o público e o privado, como ficam os processos de constituição e sustentação narcísicas? Seguem as mesmas fórmulas metapsicológicas vistas na teorização freudiana? Ou requerem novas dobradiças conceituais e novas abordagens clínicas? A constituição e sustentação narcísicas se tornam, hoje, necessárias ou exclusivamente mais frágeis, conforme opinam certas tendências dentro da psicanálise? O ocaso da interioridade não seria o ocaso de uma *certa* experiência de interioridade, em função do nascimento de uma outra, profundamente marcada pelo avanço e difusão dos meios de comunicação virtual, e pelo abrandamento da força da tradição na vida social? Não seria possível pensar que a interioridade, hoje, ganhou novas fronteiras e meios de constituição? Em que espelhos se miram/ constituem as singularidades e os narcisos de hoje?

De modo geral, a psicanálise tem se pronunciado sobre essas singularidades em suas configurações mais negativas, apresentando, por exemplo, a grande incidência, na clínica, dos casos de adição, anorexia, bulimia, ataques de pânico etc., cujas características implicam o campo da compulsão à repetição, da ação e da descarga, o esvaziamento do campo simbólico e o acento das problemáticas narcísicas. Junto a isso, porém, *apresentam-se outros modos de subjetivação que não se aprisionam na chave da patologia, e cujo reconhecimento se mostra menos frequente nas publicações psicanalíticas*. Nesse sentido, é bastante curiosa a observação de que

> O processo de diluição da importância da interioridade não deixa de conter algumas possibilidades interessantes. Talvez possamos nos livrar das "tiranias da intimidade" (Sennett, 1988, *apud* Bezerra, 2002) que se tornaram substância da subjetividade burguesa, com o privilégio da introspecção sobre a ação e ênfase excessiva no mundo privado em detrimento do público (Bezerra, 2002, p. 238).

Diante disso, como se posiciona a clínica psicanalítica? Ao que tudo indica, temos, hoje, dois resultados bem marcados: a clínica psicanalítica pode se constituir em um reduto do conservadorismo dos modos clássicos de subjetivação burguesa ou refundar suas práticas de acordo com os novos tempos, levando em conta as novas estruturas de poder e as condições políticas da atualidade.

Desse modo, é preciso perguntarmos como a prática psicanalítica vem acompanhando esses processos, de que modo considera as negatividades e também as positividades em jogo nas condições sociais e políticas da atualidade, se avança com a teorização sobre as novas condições da clínica. Com relação ao conceito de narcisismo, é necessário considerar os efeitos que esta revolução do espaço público e privado, da interioridade e exterioridade psicológicas, dos registros sociais do tempo, do espaço e do corpo trouxeram para os vínculos humanos, enquanto novas condições de enunciação a possibilitar novas singularidades, modos distintos da construção de si e das instâncias ideais.

Referências

ASSOUN, P.-L. *Introdução à epistemologia freudiana*. Rio de Janeiro: Imago, 1983.

BEZERRA, B. O ocaso da interioridade e suas repercussões sobre a clínica. In: PLASTINO, C. A. (Org.) *Transgressões*. Rio de Janeiro: Contra Capa Livraria, 2002.

BIRMAN, J. *Mal-estar na atualidade:* a psicanálise e as novas formas de subjetivação. Rio de Janeiro: Civilização Brasileira, 2000.

_______. *Arquivos do mal-estar e da resistência*. Rio de Janeiro: Civilização Brasileira, 2006.

BUTLER, J. *Problemas de gênero:* feminismo e subversão da identidade. Rio de Janeiro: Civilização Brasileira, 2003.

CAFFÉ, M. O padre-nosso da psicanálise. In: FERRAZ, F. C.; FUKS, L. B. & ALONSO, S. L. (Orgs.). *Psicanálise em trabalho*. São Paulo: Escuta, 2012.

DELEUZE, G. & GUATARRI, F. *O anti-Édipo:* capitalismo e esquizofrenia 1. São Paulo: 34, 2010.

FOUCAULT, M. *Microfísica do poder*. Rio de Janeiro: Graal, 1979.

_______. (1969) *O que é um autor?* In: *Ditos e escritos*. Rio de Janeiro: Forense Universitária, 2002, v. III.

FREUD, S. (1913) Totem e tabu. In: *Obras psicológicas completas de Sigmund Freud*. Rio de Janeiro: Imago, 1996, v. XIII.

_______. (1914) Sobre o nascisismo: uma introdução. *Op. cit.*, v. XIV.

_______. (1937) Análise terminável e interminável. *Op. cit.*, v. XXXIII.

FUKS, M. P. Questões teóricas na psicopatologia contemporânea. In: FUKS, L. B. & FERRAZ, F. C. (Orgs.). *A clínica conta histórias*. São Paulo: Escuta, 2000.

GUIRADO, M. *Psicanálise e análise do discurso:* matrizes institucionais do sujeito psíquico. São Paulo: Summus, 1995.

JAPIASSU, H. *O eclipse da psicanálise*. Rio de Janeiro: Imago, 2009.

KAËS, R. *O grupo e o sujeito do grupo:* elementos para uma teoria psicanalítica do grupo. São Paulo: Casa do Psicólogo, 1997.

MACHADO, R. *Foucault, a ciência e o saber*. Rio de Janeiro: Jorge Zahar, 2006.

MEZAN, R. *Freud, pensador da cultura.* São Paulo: Brasiliense, 1990.

_______. A *vingança da esfinge:* ensaios de psicanálise. São Paulo: Brasiliense, 1995.

_______. *Interfaces da psicanálise*. São Paulo: Companhia das Letras, 2002.

PLON, M. Da política em O mal-estar ao mal-estar da política. In: LE RIDER, J., PLON, M. e outros. *Em torno de O mal-estar na cultura, de Freud.* São Paulo: Escuta, 2002.

ROUDINESCO, E. *Por que a psicanálise?* Rio de Janeiro: Jorge Zahar, 2000.

RUDGE, A. M. As teorias do sujeito contemporâneo e os destinos da psicanálise. In: *Traumas*. São Paulo: Escuta, 2006.

SHOWALTER, E. *Histórias histéricas:* a histeria e a mídia moderna. Rio de Janeiro: Rocco, 2004.

TORT, M. *Fin del dogma paterno*. Buenos Aires, Paidós, 2008.

4.

O PADRE-NOSSO DA PSICANÁLISE[1]

A clínica psicanalítica requer o interesse e o posicionamento do analista ao que se passa no contexto social do seu tempo. É o que Brousse retrata no livro *O inconsciente é a política*, começando com uma citação de Lacan: "Que antes renuncie a isso [à prática psicanalítica], portanto, quem não conseguir alcançar em seu horizonte a subjetividade de sua época" (Lacan *apud* Brousse, 2003, p. 18). Trata-se de um compromisso do analista, uma vez que os elementos fundamentais do seu trabalho – como a linguagem e o desejo – são produções do *socius*, e a ele remetem inevitavelmente. Nesta via, entre os anos de 1967 a 1973, Lacan formulou importantes críticas ao conceito de Édipo, referindo suas observações clínicas ao contexto social e político da época.

Nas palavras de Brousse (2003), Lacan observou o seguinte:

---

1 Publicado originalmente no livro *Psicanálise em trabalho*, organizado por Flávio Carvalho Ferraz, Lucía Barbero Fuks e Silvia Leonor Alonso (São Paulo: Escuta, 2012; pp. 209-227).

> A clínica mostra que querer atribuir ao pai essa função de significante-mestre, já que é o significante que regula e produz o gozo [...] não corresponde ao real que a experiência analítica impõe, quer seja a experiência das psicoses, das neuroses ou das perversões [...] Consequência: o Édipo não é a solução. Não é necessário matar nenhum pai para gozar [...] a clínica contemporânea é a prova dessa não relação com o pai. No interior da psicanálise existe uma crítica à ideologia edipiana. Não são os nossos adversários que criticam o Édipo. Somos nós mesmos. E nós o fazemos a partir da experiência analítica clínica (pp. 40-41).

Assim, tendo formulado o primeiro tempo de sua obra em torno da noção freudiana do Édipo, equivalendo-a ao nome-do-pai, Lacan enunciou, depois, que o Édipo mudara da posição de solução para a de problema da psicanálise.

Prosseguindo o debate atualizado por Brousse, podemos perguntar: em que sentido, nos dias de hoje, o Édipo é um problema para a psicanálise? Pois bem. É possível afirmar que as produções teóricas sobre o Édipo definem um dos grandes impasses com que nos defrontamos em nosso trabalho, produzindo, por vezes, alguns sintomas. Refiro-me, aqui, aos sintomas que se estruturam no corpo institucional da psicanálise, e que resultam das práticas discursivas instituídas coletivamente, enquanto teoria e modelo de atuação clínica. Para fundamentar tal posição, reunirei algumas ideias sobre o contexto social mais amplo da atualidade, começando com

Foucault e suas definições sobre o poder, com destaque para os conceitos de transgressão e acontecimento. Em seguida, terá vez o pensamento de Derrida acerca da escritura.

*****

Foucault (1987; 1979; 1999) ampliou a reflexão sobre o poder, rompendo com as teorias tradicionais baseadas no modelo jurídico-institucional, que o situam, invariavelmente, em relação ao Estado e ao Direito. Fora da estrita lente jurídica, o autor trouxe uma concepção original do poder como não apenas repressivo, mas também produtivo de novas modalidades de prazer e saber. Além disso, Foucault postulou a inexistência de um centro único desde o qual o poder emana, revelando as localizações, por assim dizer, interrompidas, móveis e dispersivas do poder e de suas resistências. Portanto, ele não se exerce na verticalidade e segundo formas fixas, não se dá de cima para baixo nos escalões da sociedade; o poder circula e se exerce sob a forma de uma rede espraiada. Além disso, não existe apenas um, mas diferentes modalidades de poder, que cooperam, disputam e complementam-se entre si. Outra novidade, trazida pelo autor, diz respeito à ideia de que o poder não é algo que se transmite ou confisca (como pensaram os filósofos contratualistas), não é algo que está com alguém ou com um grupo de pessoas, enquanto outros se acham despossuídos dele. O poder não é uma coisa, e sim, uma função, ele se exerce, é jogo de forças, lutas, e configura sempre relações de dominação e de resistência, de poder e contrapoder.

O autor caracterizou a sociedade ocidental moderna como dominada por três tipos diferentes de poder: o soberano, o disciplinar e o biopoder. O exercício desses poderes se faz a partir de determinadas tecnologias de dominação, instituindo diferentes modos de subjetivação. O poder soberano se constituiu na Idade Média, referido à existência física do rei (Foucault, 1987; 1979). Naquele contexto, as práticas discursivas religiosas constituíam uma referência hegemônica de saber e poder. A Lei de Deus regulava soberanamente os homens e a sociedade, sendo esta a matriz da autoridade política do rei.

Em fins dos séculos XVII e XVIII, com o surgimento do capitalismo industrial, o exercício dominante do poder soberano não atendia mais à complexidade das relações sociais, surgindo, então, o poder disciplinar. Este visa transformar o indivíduo pelo controle social do tempo, do espaço e pela vigilância constante de suas atividades, buscando a docilidade dos corpos e a conformação de suas forças ao processo de produção capitalista. Os mecanismos de vigilância e disciplina se fizeram por meio das práticas educativas, judiciárias, médicas, carcerárias etc., pelas quais se constitui um saber, uma verdade sobre os sujeitos, referendada não mais pelo discurso religioso, e sim pelo discurso dominante da ciência (Foucault, 1987).

Foucault (1979) apontou que as tecnologias de dominação de ambas as modalidades de poder são radicalmente distintas e conflitantes entre si, o que poderia implicar o desaparecimento, na época moderna, das práticas soberanas. Porém, isso não ocorreu. Elas persistiram no exercício jurídico, adotando outras táticas, pois "[...] permitiram sobrepor aos mecanismos da disciplina um sistema de direito que ocultava seus procedimentos e técnicas de dominação, e garantia o exercício dos direitos soberanos de cada um através da soberania do Estado. Os sistemas jurídicos [...] permitiram uma democratização da soberania [...]" (p. 188), e uma ocultação ideológica do domínio e da coerção disciplinar.

No século XVIII, com o avanço do capitalismo e o crescimento demográfico, constituiu-se, então, o biopoder, referente à massa e às populações, âmbitos que extrapolam os níveis individuais visados pelo poder disciplinar. O biopoder se dirige não ao "homem-corpo", mas ao "homem-espécie", ou seja, aos homens tomados no plano da massa global, das populações, nas questões relativas à natalidade, às doenças endêmicas, à saúde pública, à mortalidade, aos efeitos do meio ambiente etc. A medicina ganha a função estratégica de higiene pública e se estabelece em um novo "[...] saber-poder que incide ao mesmo tempo sobre o corpo e sobre a população [...] e que vai, portanto, ter efeitos disciplinares e efeitos regulamentadores" (Foucault, 1999, p. 302).

Pode-se pensar que, articuladas, essas modalidades vigentes de poder recubram todo o campo social, não havendo regiões livres de regulamentos, disciplinas ou legislações jurídicas. Entretanto, não é essa a concepção de Foucault. Ele considera permanentemente a presença dos acontecimentos aleatórios e indeterminados, os acidentes do acaso como aquilo de que se trata o tempo todo de controlar ou dominar, operação cada vez mais difícil nas condições atuais. Ocorre que, para o autor, o que marca o surgimento da era moderna ocidental é, dentre outras coisas, o que Nietzsche denominou "a morte de Deus". A crise da hegemonia do cristianismo e o concomitante avanço da ciência e da técnica, enquanto novas formas de saber e poder, promoveram o desencantamento do mundo, antes governado pela autoridade inquestionável da palavra divina. Nesse sentido, os discursos religiosos (e quaisquer outros) que proliferam atualmente não têm a mesma capacidade unificadora e estabilizadora vista na Idade Média, pois competem com outras práticas discursivas dominantes. As narrativas modernas são múltiplas e fragmentadas. A quebra da hegemonia da Lei de Deus promoveu a ausência de um limite único e soberano às relações humanas, e nesse vazio da lei e do limite vem se estabelecer a experiência da transgressão, que pode ser construtiva ou destrutiva. Para Foucault (1963a), a transgressão é o que surge no vazio da lei, na suspensão da lei e do limite, e não o que se dá contra a lei. A transgressão não afirma nem contraria uma lei. Porém, a sua experiência leva a que procuremos o estabelecimento de novos limites, sendo esta a finalidade e a ocasião do poder disciplinar e do biopoder, cujas normalizações procuram conter ou inviabilizar a experiência da transgressão.

Note-se que o sentido foucaultiano de transgressão é distinto daquele utilizado habitualmente em psicanálise. Aqui, o ato transgressivo não se reporta a um campo regulado pela lei da castração, não sendo, de saída, nem reforço nem resistência aos jogos de poder instituídos.

Assim, no período moderno ocidental, não contamos com um discurso único, forte e verdadeiro que nos proteja de nós mesmos, tal como acreditamos possuir certo dia. Sem a garantia absoluta de Deus – e tampouco a da ciência, conforme queria o projeto iluminista –, estamos, hoje, mais sujeitos às transgressões, que podem trazer novas possibilidades do viver, ou a morte e a destruição. Eis uma das razões para o temor do homem contemporâneo aos acontecimentos e acasos. É por isso que, nas palavras de Foucault, nos tornamos "tagarelas", produzindo uma variedade "ao infinito" de discursos normalizadores.

*****

Derrida estabelece uma profunda crítica ao pensamento metafísico ocidental, mostrando que as categorias de presença plena e de origem verdadeira constituem alguns dos seus princípios fundamentais. O autor os reconhece nas teorias clássicas da filosofia, que postulam a fala como mais próxima da origem do sentido e da presença plena das coisas do que a escrita. Desde Aristóteles, "[...] a voz, produtora dos primeiros símbolos, tem com a alma uma relação de proximidade essencial e imediata [...] Ela significa o 'estado de alma' que, por sua vez, reflete [...] as coisas por semelhança natural" (Derrida, 1967b, p. 13). A escritura estaria "[...] numa função segunda e instrumental: tradutora de uma fala plena e plenamente presente [...] técnica a serviço da linguagem, porta-voz (*porta-parole*), intérprete de uma fala originária que nela mesma se subtrairia à interpretação" (*idem, ibidem*, p. 9). A linguagem escrita seria o recurso para tornar presente uma fala ausente, estando, portanto, no estágio inferior à fala, pois não guardaria a autenticidade desta última. Nesse sentido, a metafísica ocidental promoveu um recalcamento da escrita e um privilégio da voz – da *phoné* –, estabelecendo o que Derrida chamou de fonocentrismo.

O selo da presença também é valorizado em outro pilar da filosofia ocidental, que privilegia a consciência como lugar de origem e expressão do pensamento racional, ou seja, do *logos*. Nesta tradição, a verdade é uma atribuição do *logos*, o que caracteriza o logocentrismo, cujas relações com a *phoné* se mostram essenciais. O logocentrismo "[...] é também um fonocentrismo: proximidade absoluta da voz e do ser, da voz e do sentido do ser [...]" (*idem, ibidem*, p. 14). Na ligação entre *logos* e fonia estaria garantido o privilégio da consciência e do objeto como presença. A verdade é o que pode ser apresentado pela voz no âmbito da consciência, portanto, do *logos*. Eis o que caracteriza uma metafísica do ser como presença e sob a espécie de consciência.

Porém, a crescente matematização dos discursos científicos no decorrer do século XIX dificultou e até mesmo impediu o seu registro no âmbito da linguagem falada. Esse processo, aliado a outros, por exemplo, às novidades trazidas pelas novas teorias sobre a linguagem e à grande influência de Nietzsche e Freud no pensamento moderno, desencadeou uma crise do referente fonocêntrico, tornando possível a problemática da escritura (Birman, 2006).

Assim, Derrida levará adiante a ideia, presente em muitos autores modernos, de que a linguagem não é o reflexo transparente das coisas do mundo, não é o indício de uma presença plena das coisas, mas justamente o contrário. A linguagem, escrita ou falada, se assenta na ausência das coisas. O que a tradição metafísica imputa à escrita é também uma propriedade da fala. Nos diferentes registros da linguagem, a palavra se constitui sempre na ausência da coisa, não havendo referência certa a uma presença plena que possa ser resguardada ou até mesmo recuperada. Nessa perspectiva, também não há uma suposta origem verdadeira e imutável do sentido das coisas que se possa captar por meio do *logos*.

O filósofo fundamentou o "pensamento do traço" em uma interpretação bastante original da obra freudiana (Derrida, 1967a). Observa que, na carta 52 de Freud à Fliess, de 1896, já teríamos os elementos necessários para uma teoria do aparelho psíquico como um aparelho de escritura. Para Derrida, por meio do modelo da escrita, com as noções de inscrição e reinscrição permanentes de traços mnêmicos, Freud se opôs ao fonocentrismo e postulou a construção dos sentidos no processo do diferir, e não como propriedades assentadas em representações acabadas. O que torna peculiar tal processo de reinscrição permanente dos traços é a sua temporalização nos moldes da posteridade.

Ao mesmo tempo, Derrida critica o conceito de interpretação como tradução que se faz presente nos textos do próprio Freud, expressão de uma metafísica da presença e do logocentrismo que também têm lugar nesta obra. Por esta via, Freud buscava um sentido fixo e imutável a ser evidenciado pela interpretação, sentido este referido a uma origem determinada. Observando as contradições e embates permanentes entre o logocentrismo e o pensamento do traço em Freud, Derrida menciona a teoria do trauma, que postula o realismo do ataque sexual na etiologia da histeria, conforme um texto de 1896, em contraposição às hipóteses desse mesmo autor, na carta 52, escrita no mesmo ano. De um lado, a crença em um sentido fixo a ser descoberto, que indicaria uma presença essencial e imutável no psiquismo, e também a ideia de uma origem verdadeira localizável. De outro lado, pela carta 52, e posteriormente pela carta 69, a ideia da retranscrição permanente dos signos por meio do processo do diferir, dando ensejo ao tempo do *a posteriori* (Birman, 2006).

No jogo de tensão entre estes dois referentes, o discurso freudiano teria realizado uma crítica contundente à metafísica da presença. Derrida se apoia na noção de traço figurada em Freud, constituindo assim a sua noção de escritura. Nas palavras do filósofo André Rangel Rios (1998):

> Não havendo nenhum ancoramento numa origem, então tudo é escritura, ou seja, a palavra escritura deixa de se referir unicamente à escrita gráfica e passa a se referir a todo o "sistema" de marcas que não se rege por uma presença plena [...] a palavra "escritura" funciona para desarticular, "desconstruir" o fonologismo e o logocentrismo (isto é, a ideia de que há uma presença plena última – um *logos*, uma razão, que rege a linguagem, o mundo, a história – à qual tudo de algum modo se reduz) [...] Escritura é assim um outro nome de *différance* [...] (p. 166).

Derrida mostra ainda que o logocentrismo opera pela lógica das binaridades, o que refere o pensamento às constantes dualidades e dicotomias, como natureza/cultura, mente/corpo, masculino/feminino etc. As binaridades se referem ao campo do ser e não do vir-a-ser; indicam, portanto, o plano das determinações e das identidades, que não comportam o aleatório, o campo aberto sem definições sólidas, o indeterminado (Rios, 1998). Derrida enfatizou a necessária desconstrução da binaridade sexual, daquilo que se marca como diferença sexual no par masculino/feminino, e que estaria no fundamento da noção psicanalítica do falo, atribuindo à teoria de Lacan o seu maior desenvolvimento.

Nesse sentido, Derrida criticou sistematicamente a teoria lacaniana que, segundo ele, reforçou os parâmetros da metafísica ocidental com os conceitos de falo, significante e fala plena, promovendo o falocentrismo e o fonocentrismo. É o que o filósofo argumenta, por exemplo, em seu livro *O cartão-postal*: "O falo, graças à castração, permanece sempre em seu lugar, na topologia transcendental [...] Ele é indivisível ali, e logo, indestrutível [...]" (Derrida, 2007, p. 488). O autor cita uma afirmação do próprio Lacan sobre o significante, na qual se vê o mesmo referente de indivisibilidade: "Mas se foi primeiro na materialidade do significante que insistimos, essa materialidade é singular em muitos pontos, o primeiro dos quais é não suportar ser partida. [...] Pois o significante é unidade de ser único, não sendo, por natureza, senão símbolo de uma ausência" (Lacan *apud* Derrida, 2007, p. 470). Finalmente, sobre o fonocentrismo, Derrida apresenta outra passagem em que o psicanalista fala por si: "Uma escrita, como o próprio sonho, pode ser figurativa, mas como linguagem é sempre articulada simbolicamente, ou seja, exatamente como a linguagem fonemática e, a rigor, fonética, porquanto é lida" (Lacan *apud* Derrida, 2007, p. 510). Desse modo, o filósofo enuncia a sua crítica a alguns postulados de Lacan: o caráter de unidade plena e indivisibilidade do falo e do significante, e a concepção de que a linguagem simbólica é articulada precisamente como a linguagem fonemática.

*****

Apesar das diferenças importantes e extensas entre Foucault e Derrida, é possível alinhá-los através dos respectivos conceitos de acontecimento, transgressão e escritura. Destacam-se aí algumas características do pensamento moderno, como o movimento de forte desconstrução das binaridades, da crença radical na unidade e na presença como atributos essenciais da verdade, desconstrução, enfim, das ideias de um centro régio e de uma origem primeira na determinação das coisas, da reificação do registro simbólico e, consequentemente, da sobredeterminação absoluta na constituição da história de cada um e das sociedades humanas. A desconstrução de referentes tão fundamentais na história do ocidente não vem desacompanhada de profundas resistências; porém, não sendo apenas negatividade, pura destruição de padrões estabelecidos, as desconstruções positivam novas formas do viver.

Pois bem. As desconstruções das binaridades e das categorias de presença, unidade, origem e centro régio são facilmente identificáveis na clínica atual, nos relatos dos pacientes acerca do trabalho, por exemplo, no fato de terem cada vez menos posições estáveis e estabelecidas dentro das empresas, ou mesmo perspectiva de longa carreira em um único lugar. As atividades acontecem nas instituições e com interlocutores cada vez mais abstratos, conforme as novas organizações do trabalho no mundo globalizado, no qual a existência de um sindicato forte e as reivindicações de classe são figuras cada vez mais caducas. As desconstruções em pauta também são identificáveis na referência que os pacientes fazem à constituição de famílias em que se têm "os meus, os seus e os nossos filhos", e no consequente desdobramento e/ou encolhimento das funções parentais dentre os vários adultos e suas várias crianças; bem como na afirmação cada vez mais frequente, principalmente entre os adolescentes, de experiências sexuais fora das fronteiras convencionais de gênero, definidas pelo referente binário feminino/masculino, e na multiplicação das formas de vínculos amorosos estabelecidos. Tais desconstruções se mostram, também, na vivência social e individual cada vez mais rarefeita do que podemos chamar de "presença presencial" em função da "presença virtual", conforme se vê nas reuniões de trabalho por videoconferência, na ampla socialização das crianças e adolescentes pelas redes sociais e pelo uso ininterrupto dos celulares. Dentre os efeitos que isso promove, vemos a sobreposição de diferentes encontros a serem sustentados pelos sujeitos, de modo que a experiência social do espaço e do tempo não se encontra mais centralizada em um único ponto geográfico e cronológico, mas se constitui em multiplicidades e simultaneidades, na conexão de linhas dispersas, em redes espraiadas.

A clínica psicanalítica cotidiana nos dá o testemunho contundente de que não somos mais dominados por um centro régio, por uma estrutura piramidal nas funções familiares e profissionais, pelos sistemas binários simples que nos localizam como homens ou mulheres, pais ou não pais dos "meus, dos seus e dos nossos filhos". Entretanto, muitos dos conceitos com os quais constituímos a nossa escuta se fazem ainda no quadro das binaridades, imbricados às categorias de unidade, presença, origem e centro régio. É o caso do conceito de Édipo, justamente tão "central" à prática psicanalítica, cujas noções mobilizam os referentes metafísicos em cheque. Desse modo, experiências muito emblemáticas do nosso tempo interrogam profundamente o conceito de Édipo, tanto nas condições de suas possibilidades teóricas, como no dispositivo de normalização em que pode se constituir no trabalho clínico, quando vem restabelecer, legitimar e naturalizar, por meio do referente fálico, a centralidade e a hegemonia de uma lei, a lei paterna, promotora da cultura, cuja vocação se mostra claramente masculinista.

Quando digo que a atualidade interroga o Édipo não me refiro a um suposto declínio ou fracasso das instâncias interditoras no laço social e o concomitante fortalecimento das práticas incitadoras ao gozo ilimitado. Esse enunciado, tão presente nos estudos psicanalíticos atuais, requer prudência e exames redobrados, pois, com o seu aval, diversas práticas psicanalíticas têm promovido a patologização das novas formas do viver, pregando o avanço da perversão e das patologias do ato na sociedade contemporânea. Se considerarmos que a patologização do social constitui um dos processos da normalização, a clínica psicanalítica, nos moldes aqui referidos, se acha diante de problemas éticos e políticos da maior grandeza, reproduzindo, por sua vez, o que o discurso médico psiquiátrico institui com a medicalização indiscriminada da sociedade. Como se vê, a minha questão com o conceito de Édipo não parte do suposto declínio das instâncias interditoras no laço social, e de certo modo se coloca em um sentido contrário a esta ideia que, segundo parece, sustenta-se mais na afirmação ou negação do Édipo do que na sua indagação.

Lanteri-Laura, em seu livro *Leitura das perversões* (1994), reflete sobre as condições concretas de uma prática psicanalítica normalizadora, no melhor estilo do que Foucault denominaria como tecnologia disciplinar. Afirma que

> S. Freud descreveu um desenvolvimento da sexualidade infantil que se efetuava através dos conflitos essenciais [...] isso se tornou [por vezes dentro da própria obra freudiana e dos seus sucessores] uma evolução normal, desde o estádio oral até a sexualidade genital, e é esse primado do genital que vem garantir a base objetiva desse neomoralismo sexual (p. 134).

O autor considera a evolução do conceito de perversão na obra freudiana e observa que, em 1905, Freud libertou a perversão do sentido unívoco de anomalia humana, revelando suas profundas conexões com a normalidade. É deste tempo o enunciado de que a neurose é o negativo da perversão, e de que a sexualidade perversa polimorfa infantil é a matriz da qual se constituem as diversas posições da sexualidade adulta. Em 1914, com o conceito de narcisismo, a perversão se aproximaria mais da psicose, ambas tomadas no campo das relações narcísicas de objeto, menos afeitas à ética da alteridade e, portanto, mais distante das variações da norma. Em 1927, a perversão se constituiria em uma categoria psicopatológica definida pela forte clivagem do eu, pelo mecanismo da renegação e pelo objeto fetiche.

Segundo Lanteri-Laura, a psicanálise depois de Freud consolidou este mesmo caminho, o de recuperar a perversão no campo da anomalia. Podemos ver que "[...] a sexualidade infantil, que ajudou S. Freud a mostrar que o heterossexual não passava de um experverso, permite aos contemporâneos alegar que o perverso só goza pouco, e mal; portanto, tem-se novamente certeza de que as perversões pertencem à patologia e de que nem todas as maneiras de gozar são naturais" (*idem*, pp. 134-135). O autor afirma que a noção de *estrutura perversa* consagrou uma posição conservadora já presente na teoria freudiana, cumprindo a função de unificar e naturalizar o discurso neomoralizador sobre a perversão. Assim, a *estrutura perversa* teria no mecanismo da renegação o seu essencial, ligando-se à angústia de castração. O perverso não ultrapassa tal angústia com os recursos da castração simbólica, mas arranja-se de outro modo. E, qualquer que seja o modo, acostumamo-nos a pensar que, embora pareça ilimitado, o gozo do perverso é pobre, porque restrito ao campo do fetiche.

Porém, o que não se vê nas definições da *estrutura perversa* é um lugar determinante para os contextos históricos que definem toda a relatividade do que se reconhece como perversão no decorrer dos tempos. Nas palavras de Lanteri-Laura (1994):

> A análise histórica nos conduz, assim, a uma evidente relatividade. Por um lado, só há perversão em nome de uma ética social, que nunca está autorizada a servir de fundamento absoluto, e a oposição entre perversos e não perversos sempre remete a um certo momento da cultura que devemos elucidar. [...] Ora, essa relatividade é difícil de suportar, e a cultura busca incansavelmente um discurso que a transforme num absoluto em nome da ciência, e que lhe evite o mal-estar de sua incerteza [...] (p. 141).

E conclui:

> [...] o discurso psicanalítico afigurou-se, a princípio, subversivo e escandaloso: fez do perverso alguém próximo do normal e lembrou ao normal que ele não passava de um perverso honorário. Vimos que, posteriormente, esse discurso evoluiu através de múltiplos meandros, primeiro os de Freud e, depois, os de seus discípulos, dos ortodoxos e dos outros, fazendo advir a noção de *estrutura perversa*, que desempenhou, quarenta anos depois de E. Dupré,

> exatamente o mesmo ofício da noção de *constituição*, e também restaurando um neomoralismo em que o acesso ao estádio genital garantia uma função normativa, da qual a cultura não parece poder libertar-se (p. 146).

Não é difícil imaginar que as reflexões de Lanteri-Laura sobre os destinos atuais da clínica com as perversões rebatam diretamente sobre a clínica com as neuroses.

Nessa linha, há também o trabalho de Judith Butler, que propõe caminhos interessantes na lida com os problemas vistos até aqui. Inspirada em Foucault, afirma que toda abordagem no campo epistemológico não pode vir desacompanhada de uma abordagem genealógica, que persiga a história da formação dos conceitos. A questão para Butler é o combate que devemos travar contra a ideia de que os conceitos psicanalíticos de sexualidade, gênero e Édipo digam respeito a uma realidade universal e às leis de fundação da cultura humana. O conceito de Édipo, por exemplo, é abordado pela autora como matriz da heterossexualidade compulsória em vigência no Ocidente, onde o recalcamento dos desejos incestuosos supõe o recalcamento anterior da homossexualidade, operação que se oculta no exclusivo plano epistemológico (Butler, 2003).

O efeito de heterossexualidade compulsória e o de primazia do genital mencionado por Lanteri-Laura são intrínsecos aos conceitos respectivos de Édipo e perversão, e não propriedades indevidas que apareceram depois. O problema é que toda a carga ideológica prevista no conceito pretensamente universal do Édipo não se revela como tal, no plano exclusivamente epistemológico da teoria freudiana. Em condições sintomáticas, trabalhamos com a metapsicologia no recalque desses aspectos ideológicos, trabalhamos com os conceitos mutilados, pela metade, como se houvesse possibilidade e alguma vantagem em nos desfazermos dos preconceitos, da carga ideológica dos conceitos. Perdemos de vista a dimensão da história na construção da teoria. Nesse sentido, o que seria a construção datada e singular de uma organização da sexualidade, o Édipo, quando visto pelas lentes exclusivas da ontologia psicanalítica, se transforma em uma descrição da origem e do fundamento da cultura, condição natural do homem na civilização. E, assim, aferrados aos universais mumificados da metapsicologia, vamos ensurdecendo para a escuta das novas formas do viver que se colocam na clínica, desativando a possibilidade de criarmos novas teorias, as nossas teorias.

Penso que esta é uma razão que colabora para o que chamamos, hoje, de estreitamento da categoria geral das neuroses na clínica contemporânea, em favor das adições e das patologias do ato. Talvez a clínica das neuroses não esteja mais tão bem servida de recursos teóricos e metodológicos em relação às demais problemáticas, como costumamos dizer. Enfim, talvez o estreitamento da categoria geral das neuroses não seja apenas um reflexo das patologias contemporâneas, mas também um sintoma promovido pelas nossas práticas menos afeitas ao seu tratamento.

Nesse sentido, um problema é não dispormos, ainda, de uma teoria consistente sobre a sublimação, o que não se dá por acaso. Sabemos que, no campo das neuroses, por exemplo, o incestuoso não se presta apenas ao recalcamento, embora o reconhecimento desse processo nos seja mais fácil, talvez porque tenha sido o mais desenvolvido por Freud, dentre os quatro destinos da pulsão. Referidos ao campo do recalque, temos mais vistas para o que chamamos de sintoma, e somos mais míopes quanto às soluções singulares que atestam novas formas de subjetivação. Uma grave consequência ocorre quando, na via de uma psicanálise normalizadora, conduzida com a grade teórica do recalque carecida da sublimação, tendemos a receber o transgressivo (na acepção foucaultiana do termo) com a cruz do padre-nosso interditor, formulando interpretações que fomentam a culpabilização, em nome da castração simbólica, tida como o bem supremo das neuroses "bem analisadas". Tais interpretações buscam a adequação do sujeito ao que se entende, em cada caso, como a lei paterna, recusando o reconhecimento a outros jogos de verdade e a outras positividades que se engendram na atualidade. Uma teoria sobre a sublimação deve ampliar o campo e as abordagens do transgressivo, iluminando alguns fenômenos contemporâneos que se acham eclipsados no modelo clínico dominante com as neuroses.

No contraponto ao recalque – e sem dispensá-lo, obviamente – uma referência promissora ao desenvolvimento do conceito de sublimação pode ser o "trabalho do negativo", noção desenvolvida por Green e que dispensa os repertórios da presença plena e da unidade, prometendo uma abordagem favorável à fragmentação e à descontinuidade contemporâneas. Outro referente de valor encontra-se na noção foucaultiana de transgressão, experiência da ordem do acontecimento que se dá na suspensão do sistema normativo vigente, e não no seu fracasso ou declínio.

De outro lado, devemos considerar que as funções interditoras se fazem, hoje, por caminhos que não se restringem àquele previsto no conceito de Édipo, ou seja, referido a uma estrutura piramidal e a um centro de referência. Autores como Antonio Negri e Anthony Giddens nos ajudam nestes desenhos, com suas respectivas ideias sobre as novas organizações do trabalho e sobre a reflexividade moderna, nas quais o declínio da tradição não produz majoritariamente subjetividades rasas e narcísicas. O conceito de reflexividade, por exemplo, diz respeito à capacidade de autorreflexão inerente às atividades humanas que, ao se cumprirem, geram informações que retornam imediatamente ao trabalho. Em maior ou menor grau, esta é sempre uma característica do fazer humano, mas a tese de Giddens é de que tal capacidade autorreflexiva ganhou proporções imensas na contemporaneidade, dadas as condições do capitalismo globalizado. Alguns dos fatores para isso foram o despregue e a multiplicação das categorias de tempo e espaço na vida cotidiana e, fundamentalmente, o declínio da tradição enquanto referência hegemônica na experiência social e individual (Giddens, 1991). A reflexividade moderna trabalha o afastamento da tradição do centro da sociedade globalizada, conferindo-lhe outros lugares e funções, o que permite maior inventividade nos modos de processamento simbólico da experiência presente (Giddens, 2007).

Entretanto, mesmo nessa sociedade, a tradição continua a ter um papel importante e insubstituível, embora em bases muito diferentes, sendo que o seu drástico apagamento é o que abre caminho para os fundamentalismos de toda espécie. Não tenho linhas suficientes para apresentar, aqui, a discussão complexa e bastante original que o autor promove a respeito. Deixo apenas a indicação.

A noção de trabalho imaterial trazida por Antonio Negri diz respeito ao que se requer cada vez mais dos trabalhadores modernos, ou seja, capacidade de avaliar e tomar decisões, criatividade, possibilidades de relacionar-se com diversos níveis hierárquicos dentro das empresas, enfim, autonomia e inteligência. Esses requisitos não substituem o trabalho dito material, mas é algo que se acrescenta a ele e o transforma, ganhando uma posição estratégica e vital nas fábricas, nas empresas e no terceiro setor (Negri & Lazzarato, 2001). O operário padrão, no modelo pós-fordista do trabalho que se estabeleceu a partir da década de 1970, não condiz mais com a célebre imagem de Charles Chaplin apertando parafusos em uma engrenagem mecânica. Neste processo, aparece o que Antonio Negri chama de uma inteligência e uma criatividade da multidão, uma potência da multidão (Negri & Hardt, 2006), que se distingue dos fenômenos da massa hipnotizada pelo chefe, apresentada por Freud em *Psicologia das massas e análise do ego* (1921). O biopoder, conforme pensou inicialmente Foucault, não é mais apenas um poder *sobre* a vida, mas um poder *da* vida.

É claro que essas novas formas de subjetivação não determinam, por si só, índices elevados de ganho social, pois estamos no contexto do capitalismo, que se orienta invariavelmente pela maximização do lucro. Tais mudanças vêm acompanhadas também da precarização do trabalho, do desemprego estrutural, da exclusão de legiões de pessoas que não se ajustam ao novo perfil do trabalhador, da dessindicalização, da supressão de direitos trabalhistas, da destruição da natureza em escala global, do esvaziamento da crítica e da resistência social. Portanto, o quadro geral não se reduz ao cômputo de positividades e negatividades, e como consequência, em otimismo de um lado e pessimismo de outro. É preciso que pensemos com os paradoxos e não com a dialética, que obriga o pensamento aos movimentos de síntese.

Isto posto, podemos considerar que a clínica psicanalítica requer o auxílio de outras disciplinas do conhecimento, como a filosofia e a sociologia, a fim de obter conceitos menos alinhados aos princípios da metafísica ocidental, uma vez que estes últimos sustentam em boa parte a nossa metapsicologia. Tal recurso oferece condições fundamentais para uma abordagem genealógica dos conceitos psicanalíticos, bem como parâmetros éticos contra uma prática clínica normalizadora, que atende à restauração e à reforma dos velhos usos e costumes. Este pode ser um caminho para uma psicanálise mais transgressiva e, por isso mesmo, mais inventiva, que relança novos termos aos seus fundamentos do início. Porém, quando a matéria em jogo é a prática clínica, isso não se faz recusando a metapsicologia com todos os seus "padre-nossos"...

Nesse sentido, e voltando à Judith Butler, gostaria de ilustrar uma estratégia do seu pensamento que me parece muito valiosa. Assim, por exemplo, a autora critica a noção de representação, um dos principais alicerces da teoria freudiana, uma vez que essa noção se assenta profundamente nas categorias metafísicas de origem, unidade e presença. Porém, Butler (2003) não pretende afirmar seus conceitos *contra* o campo das representações, uma vez que, para ela, isso nem seria possível. Desse modo, afirma que: "Obviamente, a tarefa política não é recusar a política representacional – como se pudéssemos fazê-lo. As estruturas jurídicas da linguagem e da política constituem o campo contemporâneo do poder; consequentemente, não há posição fora desse campo, mas somente uma genealogia crítica de suas próprias práticas de legitimação [...]" (p. 22). A autora traz a possibilidade de pensar uma teoria performativa da sexualidade junto de alguns conceitos freudianos forjados no quadro de uma teoria representacional, operação complexa e que demanda muito rigor.

Nessa linha, discordo de Vladimir Safatle (2008) quando afirma que "Podemos dizer que a base da perspectiva de Judith Butler se encontra na tentativa de fornecer uma teoria antirrepresentativa do sexual [...] Trata-se [...] de tentar escapar da própria noção de representação através de uma *teoria performativa do sexual*" (p. 169, grifo meu). Ora, a concepção performativa da autora não vem no lugar do que seria a metapsicologia freudiana. O que se passa é algo bem diferente: aquela concepção se faz instrumento para uma teoria crítica da metapsicologia. O que não quer dizer que tudo se aproveite nessa composição de contrastes, que "salvem-se todos, entre mortos e feridos". Entretanto, o que quero enfatizar é o método do pensamento de Butler, que não opera dominantemente na grade da exclusão nem da resolução dos conflitos entre diferentes pontos de vista. A exemplo da autora, procuremos o nosso máximo rigor: que o conceito de Édipo, ainda indispensável na constituição da clínica psicanalítica, possa conviver com seus diferentes e tolerar a irresolução de conflitos que se ampliam nesta situação. Quem sabe possamos alargar um pouco mais a nossa escuta para as neuroses.

Referências

BIRMAN, J. *Escritura e psicanálise*: Derrida, leitor de Freud. Conferência realizada no II Encontro de Pesquisadores em Filosofia e Psicanálise. Universidade de São Paulo, nov. 2006.

BROUSSE, M. H. *O inconsciente é a política*. São Paulo: Escola Brasileira de Psicanálise, 2003.

BUTLER, J. *Problemas de gênero*: feminismo e subversão da identidade. Rio de Janeiro: Civilização Brasileira, 2003.

DERRIDA, J. (1967a) *A escritura e a diferença*. São Paulo: Perspectiva, 2005.

______. (1967b) *Gramatologia*. São Paulo: Perspectiva, 2006.

______. *O cartão-postal*: de Sócrates a Freud e além. Rio de Janeiro: Civilização Brasileira, 2007.

FOUCAULT, M. (1963a) Prefácio à transgressão. In: BARROS DA MOTTA, M. (Org.) *Coleção Ditos e Escritos de Michel Foucault*. Rio de Janeiro: Forense Universitária, 2006; v. III.

______. (1963b) A linguagem ao infinito. In: BARROS DA MOTTA, M. (Org.) *Coleção Ditos e Escritos de Michel Foucault*. Rio de Janeiro: Forense Universitária, 2006; v. III.

______. *Vigiar e punir*: nascimento da prisão. Petrópolis: Vozes, 1987.

______. *Microfísica do poder*. Rio de Janeiro: Graal, 1979.

______. *Em defesa da sociedade*. São Paulo: Martins Fontes, 1999.

FREUD, S. (1896a) A etiologia da histeria. *Edição Standard Brasileira das Obras Psicológicas Completas*. Rio de Janeiro: Imago, 1996; v. I.

______. (1896b) Carta 52 (6 de dezembro de 1896) a Fliess. *Op. cit.*, v. I.

______. (1897) Carta 69 (21 de setembro de 1897) a Fliess. *Op. cit.*, v. I.

______. (1905) Três ensaios sobre a teoria da sexualidade. *Op. cit.*, v. VII.

______. (1921) Psicologia das massas e análise do ego. *Op. cit.*, v. II.

______. (1927) Fetichismo. *Op. cit.*, v. XXI.

GIDDENS, A. *As consequências da modernidade*. São Paulo: UNESP, 1991.

______. *Mundo em descontrole*. Rio de Janeiro: Record, 2007.

LANTERI-LAURA, G. *Leitura das perversões*. Rio de Janeiro: Jorge Zahar, 1994.

NEGRI, A. & LAZZARATO, M. *Trabalho imaterial*: formas de vida e produção de subjetividade. Rio de Janeiro: DP&A, 2001.

NEGRI, A. & HARDT, M. *Império*. Rio de Janeiro: Record, 2006.

RIOS, A. R. O desejo de uma sexualidade inumerável. In: LOYOLA, M. A. (Org.) *A sexualidade nas ciências humanas*. Rio de Janeiro: UERJ, 1998.

SAFATLE, V. *Cinismo e falência da crítica*. São Paulo: Boitempo, 2008.

5.

A SESSÃO DE ANÁLISE PELA INTERNET[1]

Iniciarei a discussão sobre os atendimentos clínicos por *e-mail* ou *messengers*[2] indagando suas condições ao estabelecimento do método psicanalítico. Nesse novo contexto, os sujeitos se encontram na ausência concreta do corpo do outro e o contato se faz mediado pela tecnologia da comunicação virtual. A cadência temporal da conversa não é a mesma que se produz no contato pessoal direto, e a linguagem oral é agora substituída pela escrita. Desse modo, as sessões por computador ocorrem em ritmo e índices de presença que afrontam as regras básicas do trabalho analítico: o estabelecimento da associação livre, na suspensão relativa do pensamento racional, e a posição de abstinência do analista, que apenas se sustenta sobre um fundo de presença. Afinal, o uso da informática e da escrita

---

1 Publicado originalmente na revista *Percurso* (ano XX, n. 39, pp. 142-146, 2007).

2 Este artigo foi escrito antes da modalilidade de comunicação por videoconferência, através do programa *Skype*, ser largamente difundida pela *Microsoft* em 2011. Podemos, agora, acrescentá-la à lista dos *e-mails* e MSN, considerando sua grande utilização nas sessões pela internet. O *Skype* traz novidades com respeito às comunicações virtuais, relançando e complexando a presente discussão.

convoca, em maior escala, o pensamento racional, bem como a ausência concreta dos corpos cria uma realidade estranha ao ato analítico originário, cujo apoio se faz na experiência imediata da presença do outro. Nesse sentido, é fácil imaginar que, para o analista, abster-se em ausência não é o mesmo que abster-se em presença. Aqui, abre-se um abismo entre o computador e a sala de atendimento do psicanalista. Mas, em se tratando da comunicação virtual, o que podem ser os estados de presença e ausência?

O jornal *Folha de S.Paulo*, do dia 24 de agosto de 2007, (Geraque, 2007), noticiou uma pesquisa realizada em Genebra, em que neurocientistas "conseguiram iludir o cérebro a partir de estímulos visuais e fazer com que a pessoa real pensasse que era a virtual". A pergunta "você é você ou o seu avatar (representação virtual)?" introduzia a matéria, cujo título chamou minha atenção: *Realidade virtual faz pessoa se sentir "fora do corpo"*. As aspas no título interpretam os fatos da notícia. Denotam o intervalo, um espaço que se abre sobre outro, em que o fora do corpo torna-se uma experiência (científica!) no âmbito do próprio corpo. Os estados de presença e ausência são recriados e subvertidos no plano da realidade virtual, indicativos de uma nova experiência subjetiva do tempo e do espaço. Entramos na era *Matrix*! Porém, o que quero ilustrar com essa notícia é algo bem mais próximo das nossas experiências cotidianas.

A tecnologia da comunicação virtual integra, certamente, muito do que referimos como contemporaneidade.

É o que afirma, por exemplo, o sociólogo polonês Bauman (2004), em suas reflexões sobre o uso do celular e da internet na sociedade ocidental moderna. Dentre outros fatores, a extrema rapidez, superficialidade e concomitância dos contatos aí estabelecidos geram uma modalidade de interação social denominada *conexão*. Segundo o autor, a *conexão* é uma relação dominantemente narcísica, líquida, escapista, facilmente sujeita à desconexão; diferentemente das relações *vinculares*, que responderiam por modos de interação mais estáveis, sólidos e alteritários. Nesse sentido, a notícia da *Folha* atesta, em outros termos, o que já seria uma realidade banal e bem conhecida por nós: as *conexões* humanas, nas quais a presença do outro se "desmaterializa" (com aspas) em presença virtual, colocando em crise a experiência social da alteridade. Um sintoma da modernidade seria o estabelecimento hegemônico das *conexões* em lugar dos *vínculos*. Trata-se de uma forma de subjetivação dominante que se apresenta também no campo analítico, alterando profundamente suas coordenadas (como fica a transferência no domínio das conexões?). Portanto, nesse ponto, a tecnologia da comunicação virtual não está confinada ao interior do computador: seus efeitos se reproduzem no espaço entre a poltrona e o divã. Aqui, aproximam-se o computador e a sala de atendimento do psicanalista.

Conforme o ângulo de perspectiva, parece possível afastar e aproximar os campos do computador e do consultório, tendo em vista os atendimentos clínicos. Vamos prosseguir neste vai e vem. Com respeito às sessões por *e-mail* ou MSN, uma coisa é certa: a questão não é achar, no escopo das comunicações virtuais, a posição "esdrúxula" possível para fazer caber o dispositivo analítico convencional, e sim refundar o dispositivo em novas condições. O analista não fala do mesmo modo, no mesmo ritmo, não pensa da mesma forma quando está em presença real ou virtual com o seu paciente. Isso equivale a dizer que, nas sessões por computador, o analista não se reconhece em uma identidade segura original, que se mantém imutável apesar das mudanças de paisagem.

Ocorre que o suporte da comunicação em jogo determina, aos sujeitos da análise, outras relações com a palavra e o corpo. Esse é o nó da questão. A reportagem da *Folha* é um bom estímulo para pensarmos sobre o que podem ser as relações virtuais com a palavra e o corpo, experiência humana bem recente. Nessa linha, a regra analítica da associação livre, que supõe certa relação com a palavra, constitui-se no campo da conexão virtual sob quais formas? Dado que o corpo real do analista se coloca como um suporte fundamental da transferência, quais os efeitos da sua ausência nas sessões por computador? Fundar uma clínica no suporte da realidade virtual significa, dentre outras coisas, desenvolver metapsicologia a esses novos paradoxos. Aqui, mais uma vez, reconhecemos uma longa distância entre os enquadres clínicos do contato pessoal e virtual.

Por outro lado, e tomando agora a direção oposta, constatar a grande dificuldade de ajustar a prática clínica aos meios da comunicação virtual parece tão verdadeiro quanto considerar que, na contemporaneidade, o dispositivo analítico originário nem mesmo se deixa reproduzir sem problemas no *setting* habitual do consultório! É claro que isso não nos permite ignorar as enormes diferenças entre ambos os enquadres, tendo em vista a finalidade analítica. Porém, retira as sessões por computador da condição de uma inviabilidade absoluta, ao mesmo tempo que as toma como paradigma de uma realidade clínica que nos é mais próxima do que parece. Vejamos.

Habituados à velocidade, aos engates e desengates instantâneos da comunicação virtual, expostos, permanentemente, a um grande volume de informações, os sujeitos modernos não sustentam mais as mesmas condições e demandas à psicanálise. As novas formas de subjetivação respondem e incitam, ao mesmo tempo, à construção compartilhada de uma realidade acelerada, superficial e horizontal, tão bem apresentada pela internet. O que pode sair desta caixa de Pandora? De um lado, vemos produzir-se um encolhimento do tempo e espaço necessários ao trabalho simbólico. Afinal, nesse registro, pensar é deter-se, permanecer, demorar-se no tempo, e também crescer no espaço, ou seja, deixar-se avolumar, habitar, comprometer com a experiência, o que está na contramão do que Bauman nomeia como *conexão*. Nessa linha, as ressignificações simbólicas e a própria transferência requerem desdobramentos do tempo e do espaço subjetivos. Porém, voltando à nossa caixa, também assistimos ao florescimento de um enorme laboratório de interatividade social nos *sites* de relacionamento e produções caseiras de vídeos que lançam, na internet, múltiplas marcas de uma interatividade anônima. Teremos, já, distância histórica suficiente para aquilatar os processos em curso?

Pois bem. Tanto uma como outra surpresa dessa Pandora moderna concorrem para a perda significativa do poder simbólico da clínica psicanalítica no contexto social, uma vez que ela não parece afeita às relações aceleradas, compactas e superficiais. Aliás, ela própria assume o lugar que Pierre Fédida conferia à psicoterapia, ou seja, o lugar de uma "psicanálise complicada". Em resposta aos conflitos e paradoxos contemporâneos, vemos cada vez mais os psicanalistas trabalharem em condições desafiantes. É o caso, por exemplo, dos atendimentos feitos na frequência de uma sessão por semana e na tomada, pelo analista, de posições muito mais ativas na transferência, a fim de criar a qualidade de presença que o vínculo analítico requer, ou seja, criar corpo pulsional e não virtual para a análise. O curioso é que essas mesmas medidas – maior atividade e menor frequência do analista – parecem tornar mais possíveis e próximas as sessões por computador!

Nesse raciocínio pendular, trabalhamos duas relações entre o computador e o consultório do analista: a de um estranhamento marcado *e* a de um esmaecimento de suas fronteiras. Vamos tomá-las, desse modo, enquanto relações que coexistem, uma *e* outra, e que definem, portanto, um paradoxo, um campo de diferenças irredutíveis. Jacques

Derrida (2001) nos oferece, aqui, alguns nortes. Em seu livro *Mal de arquivo*, o autor reflete sobre os diversos modos de inscrição da experiência humana, comentando a importância que a comunicação postal manuscrita teve no surgimento da psicanálise. As correspondências trocadas entre os primeiros psicanalistas informavam sobre suas ideias e práticas clínicas nascentes, sendo que "uma determinada carta escrita à mão leva tantos dias para chegar a uma outra cidade europeia e tudo depende desta demora. Tudo fica entregue a esta medida" (p. 29). E esse "tudo" inclui a própria formulação da teoria psicanalítica. Ou seja, as técnicas de suporte da comunicação não são exteriores ao conteúdo mesmo do que se comunica. A metapsicologia freudiana guardaria relações intrínsecas com os modos, apoios e velocidade pelos quais foi inscrita, conservada e... recalcada.

Nessa linha, que efeitos teria sobre a psicanálise o surgimento do correio eletrônico? Para Derrida, o *e-mail*, como nova forma de escritura e arquivamento, não é apenas

> [...] o local de estocagem e de conservação de um conteúdo arquivável passado, que existiria de qualquer jeito e de tal maneira que, sem o arquivo, acreditaríamos ainda que aquilo aconteceu ou teria acontecido. Não, *a estrutura técnica do arquivo arquivante determina também a estrutura do conteúdo arquivável em seu próprio surgimento e em sua relação com o futuro* (*idem, ibidem*, p. 29, grifo meu).

Assim, por exemplo, a psicanálise datilografada para as telas do computador não teria uma relação direta e automática com a psicanálise fundada nos manuscritos de Freud, ainda que fosse pelas ressignificações de um passado que se manteria idêntico no decorrer dos anos. Simplesmente, porque não haveria uma psicanálise originária, única e "verdadeira" pronta para ser evocada e continuada, independentemente da forma pela qual se faça. A era da informática promove revoluções no registro passado e futuro da psicanálise. Do mesmo modo, o que o paciente tem a dizer não é o mesmo caso ele esteja em presença ou em comunicação virtual com o analista. E não é o mesmo porque nem a própria história passada, nesse novo suporte de comunicação, é idêntica a que se atualizaria na transferência caso estivessem, analista e paciente, em contato pessoal direto. Simplesmente, porque não haveria uma história única e "verdadeira" esperando para ser revelada na transferência, independentemente da forma pela qual se faça. Ou seja, não há passagem harmônica e continuísmo absoluto entre as diferentes formas de inscrição e arquivamento da experiência humana. Eis uma das faces do mal de arquivo!

Sobre as mudanças promovidas pela tecnologia moderna, Derrida afirma: "[...] o correio eletrônico está hoje, mais ainda que o *fax*, em vias de transformar todo o espaço público e privado da humanidade e, portanto, o limite entre o privado, o segredo (privado ou público) e o público ou o fenomenal" (*Op. cit.*, p. 30). Isso se faz acompanhar por medidas jurídicas e políticas, o que toca "[...] nada menos que o direito de propriedade, o direito de publicar e de reproduzir" (*idem, ibidem*). Em outro momento, considerando a teoria psicanalítica, Derrida pergunta: "onde situar o momento da repressão ou do recalcamento nestes novos modelos de registro e de impressão?" (*Op. cit.*, p. 40). Como conceber, aí, a tópica psíquica e o processo do recalcamento? O que mudaria na metapsicologia se, em vez do bloco mágico freudiano, o modelo de apoio do psíquico fosse o computador? E, no entanto, já mudou! Podemos concluir que a revolução trazida pelas técnicas de comunicação virtual é uma questão para a clínica psicanalítica, onde quer que ela aconteça. Em certo sentido, interagimos ao modo dos *e-mails* e MSN mesmo quando no consultório do analista. Os processos contemporâneos de subjetivação, e entre eles as novas doenças da alma, implicam modos virtuais de inscrição, conservação, classificação e comunicação das experiências humanas. Cabe à psicanálise revolucionar seus conceitos e dispositivos clínicos na abordagem dessa realidade que está muito aquém e além da situação particular das sessões por computador.

Propus, neste debate, afastar e aproximar o computador e a sala de atendimento do analista como uma estratégia de pensamento. A sua vantagem não reside, certamente, no desenho de posições mais definidas acerca das sessões psicanalíticas por *e-mail* ou MSN, mas, sim, na constituição de um campo de complexidade onde pensá-las. De qualquer modo, com respeito às posições mais definidas, penso que elas apenas são possíveis na consideração singular de cada caso clínico, conforme a questão se coloque. Pois é com a transferência e na transferência que avaliamos a possibilidade e os sentidos particulares de um novo transporte para o trabalho. E como isso ainda não é suficiente para garantir as decisões acertadas, no mais, toda história clínica depende de uma aposta.

Referências

BAUMAN, Z. *Amor líquido:* sobre a fragilidade dos laços humanos. Rio de Janeiro: Jorge Zahar, 2004.

DERRIDA, J. *Mal de arquivo:* uma impressão freudiana. Rio de Janeiro: Relume Dumará, 2001.

GERAQUE, E. (2007, 24 de agosto). Realidade virtual faz pessoa se sentir "fora do corpo" [da reportagem local]. *Folha de S. Paulo*, p. A16, 2007.

6.

A PSICANÁLISE NO ENCONTRO COM OUTRAS PRÁTICAS INSTITUCIONAIS[1]

Gostaria de pensar a prática da psicanálise fora do contexto habitual da clínica. Por razões de sobrevivência institucional (dentre elas, as razões de mercado) e em função das possibilidades abertas pelo seu próprio objeto – o inconsciente – a psicanálise tem se oferecido e tem sido chamada a colaborar em espaços sociais diversos e de diferentes maneiras. Podemos considerar aqui, por exemplo, os casos em que ela se transfere para as escolas, os hospitais, as instâncias jurídicas, dialogando, assim, com outras áreas do conhecimento humano, como a educação, a medicina e o direito. Essa massa difusa de trabalhos nem sempre tem o mesmo tratamento teórico-metodológico rigoroso merecido que os trabalhos realizados no âmbito mais estrito da clínica.

---

1 Publicado originalmente no livro O *sintoma e suas faces*, organizado por Lucía Barbero Fuks & Flávio Carvalho Ferraz (São Paulo: Escuta/Fapesp, 2006; pp. 283-300).

Afinal, é a partir deste âmbito que costumamos refletir sobre a psicanálise, dada a relação intrínseca que a produção teórica guarda com a prática clínica.

Porém, talvez não seja apenas em função da tradição e da natureza de nossa disciplina que esse resultado se coloque. Ocorre que fora do campo originário da clínica estamos sempre em terreno institucional híbrido, disputando/colaborando com outras práticas discursivas dominantes. Fazer teoria, desenvolver metapsicologia nestas e para estas situações requer, de modo bastante preciso, considerar nossos interlocutores, compreender criticamente seus dispositivos metodológicos próprios, compor e decompor com estas práticas a reescrita de conceitos que nos são caros, como os de transferência e sintoma. E as complicações começam aqui. O caso é que essas operações requerem da psicanálise tanto firmeza em relação à especificidade do seu método quanto capacidade de se deixar modificar, alterar e até mesmo distorcer. E para isso não basta boa vontade. É necessário desenvolvermos recursos conceituais que, atendendo à singularidade do nosso campo, possam permitir maior grau de porosidade, tendo em vista a interlocução mais ampla junto de outras práticas que nos são estranhas.

Vamos pensar essa questão a partir do conceito de sintoma, peça-chave de nossa jornada. O sintoma com que trabalha o psicanalista no contexto do consultório, dos hospitais ou das escolas pode ser definido pelos mesmos elementos teóricos e metodológicos? Ou a sua compreensão requer, em cada caso, a mobilização de recursos de outros campos institucionais? Como pensar as condições de pesquisa e abordagem do sintoma nesses diversos contextos, ou seja, como pensar a transferência em modelos tão distintos da clínica convencional? Trata-se, aqui, da comparação de atividades psicanalíticas bastante diferentes. Para realizá-la, seria interessante nos acercarmos dos conceitos originários de sintoma e transferência. Comecemos, então, por considerar a situação estabelecida na clínica das neuroses, conforme os parâmetros da experiência freudiana, deixando de lado as particularidades colocadas no tratamento de outras psicopatologias, como os quadros fronteiriços, as perversões e as psicoses. Serei breve e abordarei apenas um aspecto da questão, qual seja, o sintoma em uma de suas expressões particulares no âmbito da análise – a neurose de transferência.

Em *Recordar, repetir e elaborar*, Freud (1914) apresenta o processo de análise da seguinte maneira:

> Toda vida, o instrumento principal para reprimir a compulsão do paciente e transformá-la num motivo para recordar reside no manejo da transferência [...] Contanto que o paciente apresente complacência bastante para respeitar as condições necessárias da análise, alcançamos normalmente sucesso em fornecer a todos os sintomas da moléstia um novo significado transferencial, e em substituir sua neurose comum por uma "neurose de transferência", da qual pode ser curado pelo trabalho

> terapêutico. A transferência cria, assim, uma região intermediária entre a doença e a vida real, através da qual a transição de uma para a outra é efetuada. A nova condição assumiu todas as características da doença, mas representa uma doença artificial, que é, em todos os pontos, acessível à nossa interpretação (pp. 169-170).

De acordo com Freud, a análise decorre de um certo manejo da transferência pelo analista, cujo resultado é a construção de um novo conjunto de sintomas referido à situação presente do atendimento. Tal manejo consiste, basicamente, na colocação da regra fundamental da associação livre ao analisando e sua contrapartida, a atenção flutuante, ao analista. Os demais procedimentos clínicos descritos por Freud justificam-se na medida em que possibilitam a vigência da regra fundamental. É o caso, por exemplo, da posição de abstinência do analista, que, na medida do possível, não deve atender as demandas inconscientes recalcadas do analisando, expressas na transferência, prestando-lhes, contudo, continência e reconhecimento por meio das interpretações. Segundo Freud, a privação de certas satisfações libidinais sintomáticas é um fator importante na análise, dando ensejo a um movimento regressivo que culmina na neurose de transferência. Mas esse caminho se constrói apenas à medida que a comunicação entre os sujeitos fique remetida à regra da associação livre, que permite a produção discursiva no acento dos processos psíquicos primários, conforme os nexos dos deslocamentos e das condensações. Estas são as vias privilegiadas de acesso às representações inconscientes. Constrange-se, assim, a ação organizada dos processos psíquicos secundários, que se mostram sempre mais recobridores das problemáticas inconscientes. Ainda é preciso dizer que o analista trabalha retornando o saber produzido nessas condições ao próprio sujeito, relançando o discurso em análise, sob transferência, o que promove as condições de um saber subjetivado, implicado com as próprias questões e desejos que o movem. Tal seria o efeito da cura, conforme as afirmações de Freud.

Vemos, portanto, que a operação analítica requer a transformação necessária dos conflitos subjacentes à neurose infantil do sujeito em conflitos passíveis de serem abordados no contexto da análise. Buscar as condições de interpretabilidade do sintoma é instituir uma nova experiência sintomática nos moldes da neurose de transferência. Podemos concluir que o sintoma do qual se queixa o analisando não se oferece à interpretação analítica de modo direto. É preciso operações mediadoras que tornem possível o acesso analítico à neurose infantil do sujeito. Freud fala do espaço da análise como um espaço intermediário entre a vida e a doença. O que se cura, portanto, é a neurose artificialmente construída no campo transferencial, a partir de procedimentos específicos que são forjados na transmissão da psicanálise, nas instituições encarregadas da formação do analista, no âmbito das análises pessoais e dos institutos de formação.

Vale dizer que, no decorrer de sua obra, principalmente a partir dos textos relativos à segunda tópica e à segunda teoria das pulsões, Freud formulou novas ideias acerca do processo analítico, considerando, por exemplo, as questões colocadas pela compulsão à repetição, abrindo o campo da análise para experiências da ordem do irrepresentável. O conceito de transferência se alarga, vista agora como repetição do recalcado e também acontecimento inusitado forjado por ambos os agentes da análise. Em seu texto "Construções em análise", Freud (1937) dá o testemunho das grandes mudanças que essas ideias promoveram no dispositivo da interpretação do analista.

Tais considerações estão longe de esgotar a complexidade do que se passa em uma análise, porém nos oferecem um recorte mínimo para o seguimento da conversa.

*****

Vamos deixar, por ora, os domínios de nossa área e observar outros modos de produção institucional. Veremos que operações análogas estão presentes no engenho de outras práticas sociais. Parece bastante comum a existência de dispositivos institucionais que, em certa medida, constroem a realidade que pretendem abordar. Tomarei como exemplo a prática do direito, cuja pesquisa me ocupou durante alguns anos. Depois discutiremos sobre as condições do trabalho que se pode desenvolver entre estas duas áreas, a psicanálise e o direito, o objeto do psicanalista nessas condições e as noções de sintoma e de transferência com as quais ele pode trabalhar. Espero que esta reflexão estabeleça alguns elementos para pensar a psicanálise em conjugação com outras diversas práticas sociais, como a educação, a medicina etc. Nesse sentido, pretendo esboçar ideias que, guardadas as especificidades, possam ser generalizadas para outras situações.

O dispositivo institucional do direito é a função normativa jurídica. Vamos surpreendê-la nas condições concretas do seu exercício, no campo dos processos judiciais. De modo geral, a função normativa jurídica transforma os conflitos que chegam à instância judicial em conflitos jurídicos. O processo de construção do conflito jurídico coincide com o processo de elaboração da sentença judicial que lhe põe fim, a decisão do juiz. Os chamados litigantes, quando chegam ao fórum, apresentam questões que, também neste caso, não se deixam abordar diretamente pela interpretação jurídica. É necessária a mediação de procedimentos institucionais bastante específicos que confrontam o discurso conflitivo das "partes" às normas jurídicas, que são prescrições do dever-ser da conduta humana, esquemas do tipo lícito/ilícito, certo/errado, que são aplicados pelo juiz. Aqui, podemos fazer um paralelo com a situação da clínica psicanalítica: a neurose de transferência está para a cura assim como o conflito jurídico está para a decisão judicial. Trata-se, em cada caso, de conflitos artificialmente construídos e intermediários entre os problemas inicialmente trazidos e as soluções buscadas nestas instituições.

O equivalente ao que chamamos de cura no âmbito da clínica seria, no caso do direito, a eficácia da decisão jurídica na solução de conflitos intersubjetivos. Segundo os juristas, o que garante eficácia à decisão jurídica é o fato de ela proceder de uma instância de autoridade social altamente institucionalizada e, portanto, reconhecida por todos. Esse reconhecimento também é garantido por forças políticas e policiais que têm um poder concreto de sanção. Desse modo, o direito é definido pelos juristas como uma instituição social coativa, sancionadora e normativa da conduta humana, tendo por finalidade decidir os conflitos sociais com o menor grau de perturbação possível. Miguel Reale Jr. (1972), jurista brasileiro, compara o direito com a moral, por exemplo, vista como conjunto de valores de uma determinada comunidade, afirmando que a moral seria também uma instância normativa da conduta humana. Porém, segundo esse autor, a diferença essencial entre eles reside no fato de que o comando do direito é de natureza objetiva, ou seja, caracteriza-se pelo fato de ordenar e, ao mesmo tempo, garantir o poder de exigir que se cumpra.

Vamos ao traçado de alguns procedimentos da função normativa jurídica, de acordo com Tércio Sampaio Ferraz Jr. (1973; 1994), jurista que sustenta uma visão pragmática do direito. Na abertura de um processo judicial, as chamadas "partes" devem, antes de mais nada, constituírem seus representantes jurídicos, os advogados, que são profissionais especializados no manejo da linguagem jurídica, linguagem técnica dotada de grande formalidade e dramaticidade. Desse modo, no âmbito do processo, as partes não falam diretamente sobre seus conflitos, exceto nas audiências, ocasiões em que se apresentam pessoalmente ao juiz. Os advogados, então, no exercício de suas funções, tomam o discurso de seus clientes e elaboram estratégias de defesa e/ou acusação, o que produz um grau de modificação ao que foi trazido inicialmente. Em alguma medida, podemos pensar que o mesmo ocorre em uma análise, em proporções e condições que variam, pois o analista toma o discurso do analisando e o conforma aos termos da teoria que dispõe para ouvi-lo.

Dando sequência aos procedimentos jurídicos, observamos que as partes são obrigadas a se levarem em conta no plano da comunicação objetiva. Um processo judicial, muitas vezes, se inicia pelo fato de a comunicação entre os sujeitos estar, por suposto ou de fato, interrompida. A regra que se quer garantir, então, no trânsito jurídico é a chamada regra da exigibilidade da comunicação, ainda que a interlocução entre as partes seja vista como discussão-contra. A discussão-contra se caracteriza pelo fato de que o objeto da conversa é sempre dilemático, conflitivo, posto na condição de um impasse. O direito deve garantir condições para que a discussão-contra não se interrompa, e que transcorra mediante regras claras, em um contexto de comunicação racional e objetiva. Pois bem. Para isso, é necessário que a decisão sobre o dilema das partes seja formulada por um terceiro: o juiz.

Desse modo, as partes se eximem de formular a decisão sobre seus conflitos, sendo esta uma exigência mesma da prática jurídica. Desresponsabilizadas da tomada de decisão e deslocadas de falarem diretamente sobre suas questões, delegando esse papel aos respectivos advogados, as partes submetem-se, assim, aos benefícios da instituição em foco.

No processo judicial, o discurso das partes deve conformar-se a um grau máximo de objetividade, o que se garante, por exemplo, na exigência de prova jurídica aos fatos que são alegados. A prova constitui um modo de produção da verdade, e se realiza conforme meios específicos e controlados. O juiz decide os meios e as condições para a obtenção de prova, bem como os prazos para isso. O que não resiste ao dever de prova é descartado do processo, de modo que nem tudo pode ser conflito no âmbito judicial. Eis um poderoso dispositivo de "varredura" ou transformação dos aspectos mais subjetivos presentes no discurso das partes.

Ainda falta dizer que o juiz assume deliberadamente, e de acordo com a demanda e o consentimento das partes, o lugar de saber e a decisão sobre os conflitos em pauta, diferentemente do psicanalista, cuja posição consiste em retornar o saber ao próprio sujeito. De qualquer modo, em ambos os casos – na psicanálise e no direito – temos uma máquina discursiva imensa operando na produção de determinados conflitos como modo de resolver... conflitos!

*****

Para conseguir seus resultados, cada prática institucional arma uma cena transferencial genérica, na qual as posições do psicanalista e do juiz são estratégicas. Os casos atendidos realizam a cena transferencial genérica conforme suas singularidades, tornando cada experiência uma experiência única e, ao mesmo tempo, reconhecida como portadora do selo da referida instituição. Vamos rever alguns aspectos da posição do psicanalista e do juiz no plano da transferência genérica[2].

No limite do possível, o analista se abstém de colocar suas demandas e opiniões, de emitir julgamentos sobre o que traz o analisando, implicando-o na lida com seus próprios desejos e conflitos inconscientes. Na posição de uma espécie de presença vazia, o analista estabelece um vínculo curioso com o seu parceiro, pautado na crise de certos parâmetros de objetividade e racionalidade, o que potencializa a ação dos processos psíquicos primários, abrindo o campo para o reconhecimento e o trabalho com os desejos inconscientes. Para tanto, o analista se coloca na posição de retornar o saber ao próprio sujeito, o que produz as condições de um saber subjetivado, que leva em conta as condições singulares de sua origem. Uma expressão disso é a construção da temporalidade do *a posteriori*, que reflete as condições de um tempo fortemente

2 Hoje não mantenho mais o termo *transferência genérica* em relação às práticas jurídicas, dado que a transferência (no singular) é uma experiência específica das práticas psicanalíticas. Para maior precisão no assunto, ver o texto *A construção do caso clínico em psicanálise*, publicado neste livro, no qual diferencio relações institucionais genéricas (relativas à prática jurídica, por exemplo) e relação transferencial analítica.

marcado pelas referências subjetivas em questão. Em estudo anterior (Caffé, 2003), cheguei a dizer que a neurose de transferência é, em certo sentido, a materialização desse tempo subjetivado, trazido para um primeiro plano das relações entre os sujeitos, em lugar do tempo cronológico e racional que marca dominantemente as relações sociais corriqueiras.

Na cena transferencial genérica correspondente às práticas jurídicas, o juiz toma a seu cargo a responsabilidade de interpretar e julgar os conflitos trazidos pelos litigantes, assumindo o lugar de saber, em vez de relançá-lo ao sujeito. Além disso, o juiz comparece com um código racional preestabelecido, as normas jurídicas, situando o discurso das partes conforme as referências socialmente determinadas do certo/errado, lícito/ilícito. Desse modo, a comunicação entre as partes é pautada na crise de certos parâmetros de subjetividade, o que se vê, por exemplo, na instauração da temporalidade burocrática dos estabelecimentos de prazo, condição oposta àquela conduzida pela regra da associação livre. Esta situação visa fabricar as condições de um saber objetivado, capaz de regular as relações entre os sujeitos a partir de referências acordadas amplamente pelo conjunto social.

Uma vez esboçadas, de modo geral, algumas condições da prática psicanalítica e jurídica em seus contextos originários, pensemos, agora, o particular encontro que estabelecem no quadro de atividades conjuntas. Podemos considerar, por exemplo, as atividades de perícia psicológica judicial em varas criminais, de família ou de menores; os pedidos do juiz para que o psicanalista participe de audiências; a solicitação judicial para que o psicanalista acompanhe os primeiros reencontros entre pais e filhos depois de longo tempo de interrupção dos mesmos; os trabalhos psicanalíticos voltados para a mediação de conflitos judiciais etc.

Essas situações implicam um campo de trabalho híbrido, em que jogam diferentes dispositivos, a escuta analítica e a função normativa jurídica, colocados na condição de colaboração, mas também, é fácil prever, na condição de disputa e resistências mútuas. Afinal, muitos dos seus procedimentos são opostos, sendo bastante provável que a aliança entre elas não se deixe realizar harmonicamente. Pelo contrário, uma luta acirrada se instala quanto à posse do objeto institucional e não há como resolvê-la na ilusão de se manterem os purismos de cada área. Ora, o que se passa é que a sobreposição das duas cenas transferenciais genéricas cria, na realidade, uma terceira cena, que não se deixa mais reduzir aos elementos iniciais. Do ponto de vista do psicanalista, é necessário considerar agora as novas posições e lugares que lhe são arranjados na transferência, para pensar que escuta analítica pode ficar recuperada ou inventada nestas condições.

Pois bem. Nesta outra cena transferencial genérica, observamos um psicanalista revestido de fortes traços superegoicos e normatizadores, emananados da instituição dominante em que ele está, e que, portanto, não podem... e não devem ser elididos por qualquer estratégia. De todo modo, a situação discursiva não o permitiria. A providência do nosso psicanalista deveria ser outra: colocar estes atributos superegoicos a serviço do trabalho. E isso se faz considerando o seguinte: primeiro, o saber produzido neste contexto híbrido retorna imediatamente à mesma cena judicial, e não a um possível lugar recôndito da subjetividade dos litigantes, em que estaria a salvo da experiência judicial. Nada da transferência em questão nos autoriza a interpretar determinados fenômenos como se estivéssemos no consultório. Lembro-me, aqui, de um caso de perícia psicológica judicial cuja questão era a disputa litigiosa pela guarda de uma criança. Nas entrevistas periciais, produziu-se o efeito de um forte apagamento da filha no discurso dos pais, ao passo que sobrevinham muitas representações acerca de outro processo judicial acionado por eles, que tramitava na vara criminal e versava sobre a acusação do pai de que a mãe traficava drogas. Algo se passava entre os pais no âmbito judicial que tornava muito difícil abrir espaço para a discussão sobre a guarda da filha. De qualquer modo, seria possível, a partir da perícia, concluir sobre a posição da criança no desejo parental? Penso que, rigorosamente, essa pesquisa não é viável nas condições transferenciais de uma perícia judicial, o que não exclui o fato de que daí possa emergir uma escuta analítica. O que pôde ser trabalhado no exemplo citado foi uma nova versão da cena judiciária, construída na transferência com o perito psicanalista, desobstruindo o caminho para que se instaurasse uma ação judicial com respeito à guarda da criança. Enfim, no campo da perícia, a escuta analítica está confinada aos limites da cena jurídica e, mantendo-se firme nesse perímetro, tem boas condições de alçar voo. O caso é que não podemos pretender a redução do conflito judicial a um conflito todo ele processável no campo da psicanálise. Cabe a nós refrearmos as ambições psicanalíticas de colonizar as realidades conflitivas que se desenham fora do contexto originário da clínica.

O segundo ponto a considerar sobre este campo híbrido de trabalho é que a transferência constituída nessas condições é múltipla, composta de acordo com os procedimentos de várias práticas institucionais. Trabalhar nesta e com esta superposição é lidar com uma profusão de vozes dissonantes e contraditórias que atravessam o campo transferencial. Tal condição implica levar em conta nossos interlocutores e seus métodos de trabalho, operar com eles, sem medo de que a psicanálise seja maculada... pois ela se macula! A cena transferencial genérica em nosso exemplo deve, portanto, ser construída com o jurista, o que requer, muito concretamente, fazer conversar a psicanálise e o direito, em um plano que está longe de ser um plano teórico e abstrato. Já vimos que estas duas instituições, em particular, mobilizam procedimentos bastante contraditórios entre si, de modo que representam, uma para a outra, os aspectos mais recusados no âmbito de suas ações. É nesse sentido que é quase um contrassenso pedir ao psicanalista que coloque os atributos sancionadores do seu novo lugar transferencial a serviço do trabalho. É pedir ao psicanalista que opere com o seu avesso, que pratique uma descentração máxima, sem deixar ainda de ser reconhecido como um psicanalista. O interessante é pensar que as descobertas desta viagem ao estrangeiro retornam à própria clínica, trazendo-lhes novos parâmetros. Isso é, entretanto, assunto para outra hora.

Com o objetivo de ilustrar a cena transferencial híbrida em que opera o psicanalista no contexto judicial, gostaria de mencionar outro fragmento de perícia, cujos efeitos analíticos se mostraram surpreendentes, uma vez que possibilitaram uma continuidade bastante incomum do trabalho. O que se desenhou na transferência com o perito foi a repetição vigorosa de uma experiência na qual os pais da criança se achavam aprisionados, a de discutirem violentamente na presença de terceiros. Durante as sessões periciais, os pais relataram cenas incontáveis de discussões mantidas na entrada do clube, da escola, diante da filha e de parentes, o que parecia justificar, em parte, a demanda por um processo judicial que se alongava por anos, sem possibilidade de acordo. Afinal, a situação litigiosa judicial traz, ela mesma, a estrutura de uma discussão assistida (nos dois sentidos da palavra). O processo tratava da regulamentação de visitas do pai à filha, estando a menor sob a guarda da mãe. Uma vez encerrada a perícia e entregue o laudo, os pais solicitaram ao juiz alguns encontros com a perita, nos quais pudessem comparecer *juntos* para refletirem sobre os dados do trabalho. O juiz aceitou o pedido, suspendendo temporariamente a realização de uma audiência já marcada, aguardando o resultado do novo trabalho.

Essa solicitação dos pais me surpreendeu, dado que, até então, ela não fora sequer aventada no âmbito de nossas entrevistas. Os pais, inclusive, apresentaram-na diretamente e em primeiro lugar ao juiz. Além disso, tal pedido não figura como algo corriqueiro nos processos judiciais. Muitas vezes, o perito é chamado a falar sobre o seu laudo depois de encerrado, respondendo às dúvidas ou críticas das partes, bem como do juiz, devendo fazê-lo por escrito, nos autos do processo, ou pessoalmente, em audiência. Entretanto, algo diferente se passava neste caso. Os pais procuravam prolongar as conversas comigo, agora na condição de comparecem juntos. Como se sabe, na maioria das vezes, os pais em litígio são recebidos separadamente para as entrevistas periciais, tendo sido este o procedimento habitual cumprido até ali.

Iniciamos, então, a segunda etapa do trabalho. Logo na primeira entrevista, os pais tiveram uma discussão ruidosa na sala de espera do meu consultório, na presença de pessoas estranhas a eles, discussão que continuaram sem interrupção na minha presença. O que me pareceu impressionante neste caso foi a tenacidade com que se repetiam situações de briga frente a terceiros, a ponto dos pais recriarem tal situação no âmbito mesmo da perícia! *Porém, que essa cena se pudesse recriar no bojo das relações com a perita psicanalista já indicava um resultado analítico do trabalho, dado que pude perceber gradativamente.* É preciso dizer que condições especiais cercaram o andamento deste processo; os pais mostravam, apesar dos infindáveis ataques mútuos, bons recursos psíquicos de elaboração da problemática que foi se constituindo em presença da perita psicanalista; além disso, a condução do processo pelo juiz se deu de modo muito favorável, conforme pude constatar pelo relato dos pais acerca das suas atuações (do juiz) nas audiências. A sensibilidade com que o juiz parecia alternar posições mais normativas e mais reservadas em relação ao movimento dos pais chamou minha atenção. Enfim, nos quatro encontros que tive com os pais juntos, pudemos trabalhar o reconhecimento da série de repetições que não cessavam, na qual discutiam diante de terceiros, sendo esta a mesma estrutura das relações mantidas no âmbito do processo judicial. Os pais estabeleceram elementos para a realização de um acordo quanto à questão das visitas à filha, encerrando o processo judicial sem que o juiz precisasse ditar, ele, a sentença do acordo.

Aqui é necessário esclarecer em quê a atuação do perito-psicanalista diferiu da atuação mais típica do psicanalista na clínica. No caso citado, as questões que mantinham os pais nessa série de repetições não puderam se esclarecer no âmbito do trabalho pericial, pois não era esta a direção do trabalho, direção impossível no plano da transferência híbrida em que nos encontrávamos, associados aos procedimentos da prática jurídica. Se tal pesquisa fosse empreendida nos moldes do que observamos na clínica convencional, incorreríamos em um agravamento dos conflitos encenados judicialmente e, a rigor, não obteríamos os resultados buscados. Muitas vezes, ouvimos falar da atuação desastrosa de certos advogados que acirram a briga judicial em função de suas estratégias de trabalho. Pois bem. Ocorre que, muitas vezes, e movidos pelas melhores intenções, os psicólogos ou psicanalistas que trabalham na esfera judicial produzem o mesmo resultado, quando pretendem instaurar a cena clássica do consultório onde, de fato, ela não cabe. É nesse sentido que mencionarei, a seguir, o risco de perpetrarmos em maior grau uma violência que é inerente à prática clínica, incluindo aqui a prática clínica no âmbito judicial. Procurar as possibilidades e limites da escuta analítica no encontro com a função normativa jurídica significa, portanto, redesenhar a transferência e a construção sintomática com a qual vamos lidar.

É no âmbito da cena judicial que o perito-psicanalista trabalha, ainda que a sua escuta seja operada, em parte, por referentes alheios à prática discursiva jurídica. No caso em questão, a cena judicial reeditada com a perita psicanalista, cuja recepção é distinta daquela oferecida pelos operadores do direito, criou a possibilidade do encerramento do processo; ou seja, a possibilidade de os pais realizarem, eles próprios, o acordo judicial, dispensando, neste ponto, o arbítrio do juiz, o terceiro da cena jurídica. E isso foi possível, também, em razão da conduta bastante adequada do juiz, que "pôde" se retirar da cena quando isto se fazia sustentável, no interior mesmo do processo. Podemos ver, com este exemplo, que a atuação do juiz também se altera em presença deste parceiro que é o psicanalista. Também o juiz se achava em uma rede transferencial híbrida em que a função normativa se deixava marcar por matizes diferentes daqueles da situação jurídica originária. Brincando um pouco com as palavras, podemos dizer que, neste caso, os pais compareceram *juntos* ao lugar em que o psicanalista e o juiz trabalharam *juntos*, lugar *simbólico* construído no encontro *efetivo* de dois dispositivos institucionais distintos.

Com esses fragmentos de perícia, busquei ilustrar o que chamo de construção de uma nova cena transferencial genérica em que se movem o psicanalista e o jurista, embora no curto espaço deste artigo não tenha sido possível adentrar as vicissitudes da escuta analítica aí instituída. Para tanto, remeto o leitor ao livro em que detalho o assunto (Caffé, 2003).

Seguindo com as considerações sobre esse novo campo de trabalho, levantarei um terceiro ponto, que decorre, na realidade, do que já foi dito: as atividades psicanalíticas híbridas demandam um forte refrear da conduta interpretativa a que estamos – por que não dizer – constrangidos na clínica, mesmo quando não formulamos verbalmente nossas interpretações aos analisandos. Ocorre que a própria regra da associação livre, posta a operar em boas condições simbólicas (o nosso referencial aqui é sempre a clínica das neuroses, pelo menos em um de seus aspectos...), produz sentidos que remetem a outros sentidos, qual um processo onírico que decanta em um sonho, por exemplo, cujo breve enunciado guarda uma infinidade de pensamentos e relações. Pois bem.

A posição transferencial do psicanalista situado no âmbito judicial, na vigência da função normativa jurídica, implica um modo de pensar bem diferente, que não depende inteiramente da escolha pessoal ou do estilo de cada psicanalista, mas emana da nova estrutura institucional a que ele está filiado. Considerar de fato o nosso interlocutor do direito, e não apenas como proforma, significa, em sentido muito profundo e até arcaico, pensar como ele... Poderemos nos acercar disso, sem termos a sensação eminente de que produzimos um atestado de óbito à escuta analítica? Poderemos tolerar o informe ou o disforme no coração do dispositivo que nos confere identidade? E a partir daí, qual seria o sintoma artificial constituído nessas cenas transferenciais híbridas? Como pensar o sintoma psicanalítico fora da psicanálise?

Essas questões saem do registro da impossibilidade se considerarmos que o sintoma com que trabalhamos, em qualquer situação – na clínica ou fora dela –, não é uma construção dada, que lá está antes do psicanalista chegar. É sempre a transferência, armada nas condições discursivas em questão, e seu manejo que dão as coordenadas da construção sintomática. Em minha concepção, *o que define a psicanálise é a capacidade plástica de intervir na construção de sintomas que possam render sentido subjetivado*. E isto se consegue tanto melhor, nos campos institucionais híbridos, quanto mais dentro dos novos limites transferenciais se puder trabalhar! Fora dessa condição, não apenas diminuímos o alcance de nossa compreensão, o campo de analisabilidade, como determinamos, em maior grau, uma violência que, afinal, é inerente a qualquer prática institucional. Vimos quantas coerções se aplicam aos discursos conflitivos dos sujeitos para que constituam "neuroses de transferência" ou "conflitos jurídicos"; tudo isso se produz com violência e no exercício do poder instituído de cada prática social. Assim, a violência é produtiva e constitutiva dos processos institucionais, porém é necessário que a processemos dentro de certos limites. Os psicanalistas, em seu conjunto, precisam inventar dispositivos que garantam uma vigilância constante a respeito da violência inerente de suas práticas.

No âmbito desta reflexão, um recurso seria levar sempre em conta o contexto institucional da transferência em que se trabalha. Mas o que isso quer dizer propriamente? Isto quer dizer: compor uma noção de transferência considerando os efeitos do encontro da escuta analítica com os outros dispositivos teórico-metodológicos em pauta. A construção desse campo demanda uma concepção de transferência e de sintoma que não estão dadas *a priori*. É necessário defini-las na conversa com o campo institucional com o qual a psicanálise se alia, o que requer, podemos dizer, um "anel de *Shazam*", capaz de mágicas apenas quando se reúnem as suas metades. Enfim, esta construção não se resolve de modo individual, deliberado, toda ela no campo da racionalidade. É necessariamente uma construção coletiva, plural, descentrada da exclusividade da lente do psicanalista. *Deixar-se analisar no próprio dispositivo da escuta, eis a posição inevitável que isto requer*. Deixar o dispositivo da escuta analítica se vazar de outros dispositivos... Deixar-se, enfim, revolucionar.

*****

Gostaria de finalizar com esta ideia, estendendo-a um pouco mais. O desencastelamento da clínica convencional exige que a psicanálise se deixe penetrar por outras práticas, desfigurar-se, para então refundar o que lhe é essencial. A psicanálise precisa, literalmente, superar seus limites, transgredi-los. De tal modo que, fora da sua "casa-clínica", o psicanalista deve ser um sujeito capaz de revolta. Tomo a expressão de Julia Kristeva (2000), em seu livro *Sentido e contrassenso da revolta*. Vale a pena conferir. Permitam-me alguns parágrafos mais.

Kristeva descreve a realidade ocidental moderna como uma ordem normalizadora e ao mesmo tempo falsificável, ou pervertível, dentro da qual é cada vez mais difícil a experiência importante e criativa da revolta. O que se tem ameaçado é a cultura-revolta, e a autora nos chama a pensar, como sujeitos coletivos, as respostas que podemos dar a isto, ou que a psicanálise pode dar a isso. Afinal, a cultura não é um dado, tem que ser refundada a cada vez, a cada geração. Pois bem, a autora sublinha que no centro da fundação da cultura há um ato de revolta, conforme postula Freud no texto "Totem e tabu", de 1912.

No mito que remonta à horda primitiva humana, a rebelião dos filhos contra o pai autoritário, admirado e temido, teria culminado no seu assassinato. Os irmãos, em um êxtase de alegria, organizaram um ritual canibalesco e consumiram seu corpo. Nesse ato, identificaram-se com o pai adorado, incorporando suas qualidades e estabelecendo, ao mesmo tempo, um sentimento de culpa pelo assassinato e o concomitante arrependimento que sela o pacto social daí por diante. E... coisa curiosa, os rituais religiosos totêmicos teriam a função de lembrar o triunfo conseguido sobre o pai, ao mesmo tempo que renovam a culpabilidade e o laço social. Kristeva enfatiza que o lucro da rebelião é a apropriação dos atributos do pai. Isto justificaria o que Freud denomina como a necessidade de "mimar" a revolta. Alguns procedimentos sociais, em especial os religiosos, teriam o sentido "não de reproduzi-la tal qual, mas de representá-la em forma de uma comemoração festiva ou sacrificial [...]" (Kristeva, 2000, p. 32).

Kristeva conclui: Freud é "[...] o primeiro a sublinhar esse 'lucro da rebelião' e a nos convidar a pensar nas situações em que ele 'ameaça desaparecer' – já que é então, e somente então, que a obediência culpada cede diante da necessidade de renovar a rebelião [...] Quando não temos mais prazer nos laços, recomeçamos a revolta [...]" (p. 33). Segundo a autora, a inserção do sujeito no *socius* é ameaçada quando ele não pode mais retirar dali a apropriação das qualidades do pai, ou seja, identificar-se com os seus atributos, com o seu poder, sentir-se incluído na ordem social. O desemprego, a exploração no trabalho, a injustiça social, enfim, as sucessivas frustrações acumuladas durante a vida são fatores de enfraquecimento do pacto social e estariam especialmente intensificados em nossa sociedade atual, pois o que nela se põe em cheque é justamente a capacidade coletiva da revolta. Em uma expressão de Kristeva (2000, p. 35), a situação dramática do sujeito ocidental contemporâneo é a de que ele não se sente nem culpado, nem responsável, mas, sim, incapaz de revolta.

Prosseguindo, Kristeva vai tomar o termo revolta também no sentido de "retorno [ou] acesso ao arcaico, a uma temporalidade fora-do-tempo [...]" (p. 36). Esse retorno (re-volta) estaria brilhantemente figurado no romance de Proust, *Em busca do tempo perdido*. Pois bem, ambas as acepções do termo revolta – rebelião e retorno – poderiam ser encontradas no ato analítico, pois ele coloca em cena a experiência da revolta articulada na trama edípica e o retorno ao arcaico, às figuras do infantil.

Este passeio por Kristeva nos rende uma ideia interessante, a de que a castração, enquanto operação simbólica, possui o aspecto da interdição e também o aspecto da rebelião, ainda que não se trate aqui, diretamente, da rebelião primária que perpetrou o assassinato do pai primitivo. Esta seria da ordem de uma fantasia fundamental, de uma fantasia primária a ser recalcada na instituição do psiquismo. A rebelião em jogo na operação da castração seria uma rebelião secundária, tão importante para a cultura humana quanto a experiência reguladora da interdição. O que teríamos sob ameaça em uma sociedade falsificável e normalizadora é justamente este aspecto da castração simbólica que é a capacidade de rebelião garantida.

Em outro livro denominado *As novas doenças da alma*, Kristeva (2002, p. 98) apresenta um trabalho original com o conceito de castração que segue o mesmo princípio. Diz a autora:

> Contudo, se insistimos demasiadamente apenas na negação e na rejeição que subtendem a castração simbólica, corremos o alto risco de enraizá-la apenas no luto, prometendo aos analistas e analisandos uma existência estoica [...] É de se perguntar se a castração simbólica, tributária da negação e da rejeição, cheia de separação e frustração, carregada de perdas oral, anal e peniana, não deve seu impacto benevolente e brutal ao fato de ser, para além da negação, uma questão.

Assim, a castração seria possibilidade de operar sucessivas questões a partir da realidade traumática do sexual. A castração simbólica é o que torna possível fazer questão. Praticar psicanálise junto de outras instituições, colocar a escuta analítica no encontro com outros dispositivos metodológicos implica criar um campo de diferenças. Ocorre que não há, de início, diferença alguma entre psicanálise e direito. A diferença é ponto de chegada, é uma relação a ser forjada por cada instituição em um ato de rebelião e retorno ao que está na origem.

Referências

CAFFÉ, M. *Psicanálise e direito:* a escuta analítica e a função normativa jurídica. São Paulo: Quartier Latin, 2003.

FERRAZ JR., T. S. *Direito, retórica e comunicação*. São Paulo: Saraiva, 1973.

_______. *Introdução ao estudo do direito:* técnica, decisão, dominação. São Paulo: Atlas, 1994.

FREUD, S. (1913). Totem e tabu. In: *Edição Standard Brasileira das Obras Psicológicas Completas*. Rio de Janeiro: Imago, 1996; v. XIII.

_______. (1914) Recordar, repetir e elaborar. *Op. cit.*, v. XII.

_______. (1937) Construções em análise. *Op. cit.*, v. XXIII.

KRISTEVA, J. *Sentido e contrassenso da revolta:* poderes e limites da psicanálise I. Rio de Janeiro: Rocco, 2000.

_______. *As novas doenças da alma*. Rio de Janeiro: Rocco, 2002.

REALE JR., M. *Filosofia do Direito*. São Paulo: Saraiva, 1972.

7.

Análise de alguns procedimentos da psicanálise e do direito[1]

Em estudo anterior (Caffé, 2003), dediquei-me a refletir sobre o trabalho de perícia psicológica judicial em Varas de Família como uma prática discursiva instituída no encontro entre a psicanálise e o direito. Não me ative às questões metodológicas dessa atividade, nem tampouco às problemáticas familiares mais típicas que aí emergem. Na realidade, não cheguei a aprofundar as questões específicas das perícias psicológicas em Varas de Família, tendo sido este apenas um ponto de partida. O meu objetivo foi elaborar alguns referenciais teóricos para colocar em conversa a psicanálise e o direito. Mais especificamente, colocar em conversa os dispositivos teórico-metodológicos dos respectivos campos: a escuta analítica e a função normativa jurídica. Como se processa tal diálogo no âmbito de uma prática discursiva

---

1 Publicado originalmente no livro *Psicologia, pesquisa e clínica: por uma análise institucional do discurso*, organizado por Marlene Guirado & Rogério Lerner (São Paulo: Annablume/Fapesp, 2007; pp. 151-171).

que se constrói em terreno híbrido, que mobiliza conceitos e procedimentos de campos institucionais distintos, e que procura o resultado de uma cooperação? Ou seja, como esses dispositivos se permitem e se justificam na tarefa de uma aliança? Que efeitos produzem nos seus cruzamentos? Questões complexas, ainda mais porque a relação entre a escuta analítica e a função normativa jurídica não se mostra apenas harmônica, mas também conflitiva, disruptiva, tensa, estabelecendo jogos de mútuo reconhecimento e recusa.

Para tratar disso, examinei primeiramente algumas condições para que a investigação pericial pudesse ocorrer em bases psicanalíticas, fazendo migrar o dispositivo da escuta analítica, conforme descrito por Freud, de sua instituição de origem, a clínica, a outra distinta, a instituição jurídica. Desde que orientados pelo referente institucional de pesquisa, tal como proposto por Marlene Guirado (1995), este é um trabalho necessário, embora muitas vezes negligenciado quando se trata de pensar a psicanálise fora do seu contexto originário. Em seguida, considerando algumas definições gerais da prática do direito (conforme, principalmente, as ideias de Tércio Sampaio Ferraz Jr., jurista referendado na filosofia pragmática da linguagem), procurei pensar quais as características da escuta analítica neste novo campo institucional híbrido, composto com os parâmetros jurídicos. Certamente ela não assume as mesmas feições que aquelas verificadas na clínica, pois está chamada a cumprir demandas da instituição jurídica que são, inclusive, dominantes na prática judicial.

Essas demandas desafiam a “natureza” mesma do que em psicanálise se entende por escuta analítica. Encaminhei o estudo no sentido de pensar as transformações exigidas ao dispositivo psicanalítico no âmbito pericial, e o que ainda tornaria possível reconhecê-lo com tal nesta nova prática determinada. Por fim, analisei alguns fragmentos de casos de perícia psicológica, com o objetivo de ilustrar o novo campo instituído no encontro entre a psicanálise e o direito.

No presente texto, apresentarei apenas um dos pontos centrais desta pesquisa. Buscarei identificar os dispositivos da escuta analítica e da função normativa jurídica, o modo como se constroem na e pela prática concreta dos seus agentes institucionais, bem como as experiências de subjetividade que engendram. Trata-se do exercício de uma análise de discurso, conforme as referências de Marlene Guirado (1995; 2000), tendo como material alguns conceitos teóricos e procedimentos institucionais. Depreende-se deste trabalho a possibilidade de pensarmos a análise de discurso do *corpus* teórico de uma disciplina, operando, portanto, sobre conceitos justamente porque os considera, nas suas condições concretas de produção, atos discursivos, como experiência social e não como elucubração puramente abstrata e individual, de um único autor.

*****

Os dispositivos referentes às práticas da psicanálise e do direito se assentam sobre uma certa noção de conflito e uma lida particular com ele. Podemos pensar que a escuta analítica e a função normativa jurídica engendram certo modo de entender, formular, intervir, dispor, inventar conflitos humanos, cada qual de uma perspectiva particular. Assim, tais dispositivos não viriam responder aos conflitos que já estariam estruturados antes da chegada do psicanalista ou do jurista, mas as próprias problemáticas que estes agentes se dispõem a atender são, elas mesmas, construídas no processo do trabalho. O conflito psicanalítico e o conflito jurídico se processam junto das soluções que se lhes oferecem, e decorrem de experiências bastante complexas, que compõem a cena transferencial genérica[2] de cada área considerada. Trata-se de entender, portanto, as operações singulares que transformam determinados problemas em conflitos processáveis pelos recursos institucionais em jogo.

Vamos delimitar, ainda de modo geral, os *tópos* em que se situam os referidos conflitos. A esfera jurídica lida com o conflito intersubjetivo que se expressa no plano da comunicação social, entre sujeitos cujos interesses colidem, gerando o que o direito chama de "alternativas incompatíveis" e que pedem uma decisão. No caso da psicanálise, o conflito em pauta é aquele que se manifesta no plano da subjetividade, como oposição, no interior de um mesmo sujeito, de representações e forças psíquicas contrárias que procuram satisfação. Porém, é preciso considerar que, nesta

2 Ver nota de rodapé número 2 na p. 185.

perspectiva, o sujeito psíquico se institui e se sustenta em uma rede de relações compartilhadas, na permanente condição de alteridade, de modo que a subjetividade se acha imbricada à intersubjetividade.

Em certa perspectiva de reflexão, veremos que todo um conjunto de ações concretas é mobilizado entre os agentes institucionais (os demandantes e os profissionais de cada área) para instituir, respectivamente, o conflito jurídico e o psicanalítico, legitimando e se fazendo legitimar as práticas respectivas dentre outras práticas sociais. Tentarei demonstrar que a prática psicanalítica procura dispor o conflito que se lhe apresenta em termos *interpretáveis*, conforme as condições da transferência analítica, enquanto que a prática do direito busca dispor o conflito em termos *decidíveis*, conforme a sua subsunção às normas jurídicas. Emergem, assim, respectivamente, o conflito psicanalítico e o conflito jurídico, produtos/produtores das práticas discursivas mencionadas.

As expressões "termos interpretáveis" e "termos decidíveis" indicam as metas visadas pelos dispositivos institucionais. Desse modo, procurar as condições de interpretabilidade dos conflitos significa, na prática clínica psicanalítica, configurar novos conflitos mediante um peculiar manejo da relação transferencial. O conflito interpretável é, pois, o conflito fabricado artificialmente por meio dos procedimentos psicanalíticos. No caso das práticas jurídicas, procurar as condições de decidibilidade dos conflitos significa colocar o conflito que chega à instância judicial (visto como "alternativas incompatíveis") nos termos de um conflito jurídico ("alternativas decidíveis"). O conflito confrontado à norma, ao seu "dever-ser" (o que será esclarecido mais adiante), é o que processa o conflito em conflito jurídico, tornando possível a decisão jurídica. Conforme as teorias pragmáticas do direito, o ato decisório põe um fim ao conflito jurídico, encerra-o, ou seja, impede-o de continuar. Assim, a decisão jurídica transforma incompatibilidades indecidíveis em alternativas decidíveis. A seguir, desenvolverei essas ideias, propondo uma análise dos procedimentos típicos em cada área.

Os procedimentos psicanalíticos

O psicanalista aborda os conflitos na perspectiva de obter um sentido. Tal sentido resulta de uma interpretação muito específica, calcada nos referenciais teóricos e metodológicos da escuta analítica (Freud, 1923). Desde que se parta das noções de inconsciente, sexualidade infantil e transferência, conforme a ótica da obra freudiana, os sentidos a serem obtidos, ou seja, ao mesmo tempo forjados e recolhidos, das relações singulares entre paciente e analista, são os sentidos que não se oferecem desnudos à percepção direta dos sujeitos, mas que se acham articulados em produções sintomáticas. Tais produções requerem uma escuta, uma leitura ou uma interpretação, como se queira, mas, de qualquer modo, operações mediadas por certos procedimentos, pois os aspectos inconscientes do conflito não se deixam apreender direta e explicitamente pela consciência (Freud, 1900). Nessa perspectiva, a dissolução do sintoma se dá a partir do reconhecimento dos seus sentidos, que apontam sempre para as causas afetivas e inconscientes que estariam recusadas ao próprio sujeito.

Freud entendeu as formações sintomáticas das psiconeuroses como respostas a situações conflitivas intoleráveis ao sujeito; como negação e, ao mesmo tempo, expressão disfarçada dos sentidos destes conflitos; como defesa e, ao mesmo tempo, realização parcial de desejos inconscientes. Uma das metas da análise seria desarticular produções sintomáticas por meio do reconhecimento de suas causas inconscientes. Isto se produziria a partir de uma experiência bastante peculiar: a reencenação no vínculo entre paciente e analista de questões conflitivas, constituindo-se assim a transferência analítica, como uma produção de sintoma que envolve ambos os parceiros da análise (Freud, 1912a; 1914). Estabelecida a transferência, o que se pretende é justamente a sua dissolução, a elaboração das condições que a instituíram, o reconhecimento das causas inconscientes e afetivas que a sustentaram (Freud, 1912a). Portanto, a escuta analítica colabora na produção da transferência da análise e promove também a sua dissolução.

Mas quais seriam os atos discursivos concretos a partir dos quais se constituiria a escuta analítica como um dispositivo metodológico capaz desses resultados? Freud formulou algumas regras técnicas para o estabelecimento do método psicanalítico. Costuma-se afirmar que o método de uma ciência não se confunde com as suas prescrições técnicas. Assim, em nosso caso, teríamos que distinguir método e técnica.

Alguns psicanalistas entendem que o método psicanalítico é aquele que se verifica apenas no âmbito das análises clínicas. Outros pensam que tal método pode se ajustar a outras condições institucionais que diferem da clínica convencional. Não pretendo me estender aqui sobre essa discussão, nem sobre o que se chama de psicanálise aplicada, abordando as polêmicas que ela levanta. Porém, a esse respeito, formulei algumas posições a partir da minha experiência profissional, que inclui, além dos atendimentos clínicos, trabalhos como orientadora educacional em escolas e como perita judicial em Varas da Família. Assim, penso que a escuta analítica, como método psicanalítico, pode comportar mais de um modelo técnico, conforme as condições e o contexto em que é chamada a operar[3]. No livro citado logo no início deste texto, procurei elaborar algumas condições de possibilidade para a escuta analítica em um campo institucional híbrido, na intersecção entre a psicanálise e o direito. A escuta analítica instituída aí ganha limites e especificidades próprias, diferentemente daquela instituída nas análises clínicas.

---

[3] Ver, para isso, o capítulo 2 deste livro.

De volta à nossa questão, mesmo tomando as importantes distinções entre método e técnica, é preciso considerar que, em qualquer caso, nenhum método prescinde de relações estreitas com um determinado conjunto de técnicas, pois as condições discursivas, nas quais o método emerge, dizem respeito a certas relações concretas entre os homens, relações estratégicas, atos discursivos que produzem certos conhecimentos e efeitos a partir desses conhecimentos. Nessa linha, todo método implica uma tecnologia, uma estratégia de ação sobre o mundo, e vice-versa. Portanto, não são desprezíveis as análises que se pode fazer das condições técnicas concretas em que se põe a operar a escuta analítica. Tal posição, pautada em uma concepção pragmática, tira a questão das regras técnicas do contexto de uma discussão menor, sendo esta, ao que tudo indica, uma tendência considerável no âmbito das reflexões psicanalíticas mais recentes. Às vezes, parece que o importante é "depurar" o método psicanalítico das condições concretas em que se constitui, como para se obter daí algo da essência, ou da estrutura da psicanálise.

Contextualizado o modo como vamos tomar as questões da técnica em relação ao método psicanalítico, discriminando-os e, ao mesmo tempo, reconhecendo suas imbricações, observemos algumas regras técnicas estabelecidas por Freud no momento inaugural da psicanálise. Antes, porém, devo esclarecer que a escolha da obra freudiana se justifica porque nos proporciona um importante organizador das reflexões no campo da psicanálise, atualmente composto por diversos modelos e linhas teóricas que se mostram, muitas vezes, contraditórios entre si. Assim, a ideia é tomar alguns referentes originários na constituição do método psicanalítico, levando em conta as produções de Freud ligadas ao período da chamada "primeira tópica", não nos ocupando, diretamente, das complexidades e paradoxos que marcam o panorama psicanalítico contemporâneo. Entretanto, considero que tais complexidades estejam presentes neste trabalho, pois a leitura que realizamos dos textos de Freud se dá sempre atravessada pelas condições do nosso tempo e lugar.

Pois bem. O dispositivo da escuta analítica se institui a partir de operações discursivas bastante delimitáveis e que podem ser referidas como o manejo peculiar do analista das relações transferenciais. Esse manejo leva à formação da "neurose de transferência", formação típica da situação de análise (no caso da clínica das neuroses), espécie de precipitado sintomático que toma o campo das relações entre paciente e analista. Os sentidos conferidos a esta experiência transferencial têm o efeito de dissolvê-la, em grande parte. Vamos precisar um pouco mais o método de obtenção destes sentidos.

Basicamente, o método psicanalítico se caracteriza pela "regra da associação livre" como parâmetro discursivo da análise (Freud, 1900). Freud definiu alguns preceitos para o seu estabelecimento, dizendo, por exemplo, que a abordagem dos sintomas neuróticos deveria se dar em um contexto de conversação, e não mais no contexto de exames e observações anatômicas, fisiológicas ou neurológicas, tal como ditavam as práticas médicas de seu tempo. Como norma fundamental a estas conversas, o paciente deveria comunicar ao analista tudo o que lhe viesse à mente, sem se preocupar com os julgamentos da moral e com as exigências de um discurso lógico-racional. Em contrapartida, o analista deveria manter uma "escuta flutuante" acerca do que diz o paciente, sem dirigir a atenção para este ou aquele aspecto do seu discurso, nem se preocupar com o registro concatenado das informações que surgissem na sessão (Freud, 1912b). Além disso, até onde fosse possível, o analista deveria manter uma posição de "abstinência" em relação ao paciente, não respondendo às suas demandas, mas reconhecendo-as e dando-lhes suporte, e também não decidindo sobre os assuntos a serem tratados na sessão, deixando que o paciente decida, por si, o roteiro da conversa (Freud, 1912b; 1919). No mais, a utilização do divã pelo paciente, a discrição do analista sobre suas preferências e valores, o modo como aborda o pagamento das sessões e outras recomendações feitas por Freud se justificariam a partir destas regras estabelecidas ao atendimento clínico.

Análise de um dispositivo central da escuta analítica

Os procedimentos psicanalíticos instituem uma situação comunicativa particular, definindo posições e lugares aos seus agentes. A questão é o que caracterizaria tais posições e lugares, e quais os modos de relação mobilizados na sua produção. Refletindo sobre esses problemas, levantei a seguinte tese: a prática clínica psicanalítica visa instituir, por meio da crise de certos referentes de objetividade e racionalidade, uma determinada subjetivação do discurso conflitivo analítico, cuja expressão é a neurose de transferência, conflito este posto agora ao alcance de suas operações transformadoras (da psicanálise), na direção da cura. Porém, é preciso considerar que a crise de objetividade e racionalidade presente nas práticas psicanalíticas não destitui esses parâmetros do contato entre os sujeitos, pois são intrínsecos e constitutivos de qualquer experiência humana. O que ocorre é que os parâmetros de objetividade e racionalidade ficam de tal modo constrangidos na situação analítica que fabricam uma experiência singular de subjetivação. Ao meu ver, esta singular experiência é o que, dentre outras coisas, funda o discurso do inconsciente.

Em estudo anterior (Caffé, 2003), organizei a análise deste procedimento central das práticas psicanalíticas em alguns itens, que retratam o ato clínico na concepção freudiana: retirada de alguns parâmetros de objetividade que regulam o contato social; construção de um lugar de saber do analista; inscrição do conflito na temporalidade do *a posteriori*; apropriação do conflito pelos termos do discurso psicanalítico, e exigência do dever de prova transferencial à interpretação analítica. Comentarei aqui alguns deles.

No trabalho com o primeiro item, destaquei que a situação de interlocução desenhada ao atendimento clínico coloca o analista no lugar de uma "presença vazia". Mediante a regra de abstinência, o analista se ausenta de prestar informações diretas sobre a sua vida, seus valores e crenças, bem como de atender as demandas de amor e os pedidos do paciente, ainda que os reconheça e os suporte no âmbito da transferência. Como uma das sustentações importantes dessa posição do analista – mas não só por isso – temos a ocupação do divã pelo paciente. Desse modo, são retirados do contato os sinais das expressões fisionômicas, importantes norteadores do vínculo social trivial que indicam as respostas ou repercussões do que está sendo vivido entre os interlocutores. A isto se acresce o "silêncio" do analista que, guardadas as diferenças de estilo, geralmente se pronuncia apenas para pedir esclarecimentos ou para efetuar apontamentos e interpretações. Assim, no atendimento clínico não se verificam o modelo estímulo-resposta, a cadência e o ritmo que marcam os contatos verbais corriqueiros. Tais procedimentos discursivos, justificados como recursos ao estabelecimento da regra da associação livre e da atenção flutuante, revelam, por isso mesmo, o dispositivo psicanalítico de instituir uma certa subjetivação a partir da retirada, no plano da transferência, de alguns parâmetros de objetividade que regulam o contato social.

Podemos observar que a prática psicanalítica trabalha o relativo "anonimato" do analista, condição possibilitadora da transferência e um dos suportes do próprio saber a ser construído em análise. Mas esse anonimato se compõe com outros matizes que o tornam específico ao contexto do atendimento clínico. Refiro-me, aqui, à atribuição que seria feita ao analista de um lugar de "suposto saber". Atribuição feita pelo paciente. É conhecido entre os psicanalistas o esclarecimento que Lacan prestou a este respeito[4]. Entretanto, gostaria de acrescentar, pautada em uma concepção pragmática, que para ser alçado à posição de "suposto saber" é preciso que o analista traga uma "natureza" que o conforme a isso. Essa "natureza" não tem, obviamente, uma origem natural, nem é produto exclusivo da neurose do paciente "não analisada ainda", senão que se constrói artificialmente por uma ação institucional concreta. Conforme os procedimentos já apresentados, o analista se coloca, de certo modo, o mais anônimo possível, discreto, não sabido pelo outro, enquanto o paciente deve entregar tudo de si a este abstinente, se quiserem relançar, mais uma vez, e a cada vez, a roda da psicanálise. E uma posição fabrica a outra, pois uma entrega de si não é qualquer entrega quando endereçada à abstinência de um outro, assim como a posição de abstinência confere efeitos muito peculiares quando composta diante da entrega consentida de outro.

---

[4] Conforme Roudinesco e Plon (1998, p. 769): "Lacan introduziu em seu seminário do ano de 1961-1962, dedicado à identificação, uma nova perspectiva. A transferência aparece ali como a materialização de uma operação que se relaciona com o engano e que consiste em o analisando instalar o analista no lugar do 'sujeito suposto saber', isto é, em lhe atribuir o saber absoluto." Sobre esse assunto, considerei Jacques Lacan (1988, pp. 218-230); Pierre Kaufmann (1996, pp. 504 e 548-556) e Jacques-Alain Miller (1987, pp. 55-89).

Assim, ainda que isto esteja longe de explicar a complexidade da transferência analítica, podemos considerar que, em determinado ponto, o "suposto saber" do analista é, antes, um saber suposto, e é assim que a "natureza" (institucional) do analista comporta a referida demanda do paciente (estar o analista no lugar de suposto saber). É claro que isto não sela os destinos possíveis que tal demanda possa ter no percurso da análise, uma vez que o analista trabalha (quando possível...) na direção de retornar o saber ao próprio paciente. E aqui teríamos que ampliar ainda mais a discussão! Por ora, pretendo apenas marcar que os efeitos transferenciais aqui mencionados podem se basear, entre outras coisas, na experiência de uma desobjetivação fabricada no seio da prática psicanalítica. A posição do analista em seu relativo anonimato, como presença vazia e como abstinente, bem como a sua posição de suposto saber do outro, são posições institucionais trabalhosamente construídas, frutos e ao mesmo tempo ferramentas de trabalho.

Do ponto de vista da posição discursiva do paciente, gostaria de mencionar que a regra da associação livre, a qual é dirigida a ele, apela para a construção de uma fala que se estrutura mais ao modo dos mecanismos do "processo primário", típicos das formações do inconsciente, do que dos mecanismos do "processo secundário", específicos do pensamento racional da consciência (Freud, 1900). Nesse sentido, aqui também se vêm constrangidos os aspectos racionais da comunicação analítica.

Pensemos, agora, no dispositivo psicanalítico que se refere à inscrição do conflito na temporalidade do *a posteriori*. Uma das noções freudianas mais importantes diz respeito à temporalidade que regularia os processos inconscientes, também chamada de tempo do *après-coup*, ou da ressignificação, e que difere do modelo racional do tempo cronológico e linear (Freud, 1899; 1900; 1915). Em minhas reflexões, venho partindo do seguinte ponto: não podemos distinguir o que Freud engendra como experiência concreta daquilo que ao mesmo tempo descreve como realidade descoberta. Assim, um dos fatores que institui a experiência e o conceito do tempo do *a posteriori* é, mais uma vez, a crise dos referentes de objetividade no vínculo analítico. Essa crise produz uma experiência de temporalidade muito particular, que a retira dos termos lógico-racionais e a inventa conforme outros parâmetros. Tais parâmetros são aqueles que possibilitam a construção da neurose de transferência, que traz para o presente a repetição de experiências passadas e, concomitantemente, inclui a produção de algo novo. Ora, isto só se faz possível na relação com um outro, o analista, colocado como presença vazia que procura não marcar suas particularidades e, assim, resiste pouco às projeções do paciente, suporta que lhe sejam imputadas experiências e que lhe sejam dirigidos os mais diversos apelos, sem correspondê-los em grande medida, mas interpretando-os junto do paciente. Nesse sentido, o que é a neurose de transferência senão a própria construção da temporalidade do *après-coup*, da ressignificação? E tal tempo, retirado dos termos racionais que regulam habitualmente a vida social, teria a propriedade singular de ressignificar experiências passadas, no sentido de mudar o registro do passado no próprio tempo passado! Eis como Freud, em uma de suas definições, apresenta a cura, como liquidação da neurose primitiva a partir da liquidação da neurose de transferência, neurose artificial construída segundo os recursos da análise (Freud, 1914).

Pois bem. Gostaria de concluir que nessa crise dos referentes de objetividade organizadores do contato social, enfim, nesse processo de um alto teor de subjetivação humana estariam as condições de possibilidade do próprio discurso do inconsciente. É claro que tal produção discursiva só é viável porque a condição humana a suporta, e então podemos dizer que a psicanálise descobre e inventa, a um só tempo, um modo de subjetividade no qual tem lugar a experiência do inconsciente. E isso é fabricado por um conjunto de ações institucionais concretas, por meio de procedimentos característicos que deste modo reproduzem e legitimam a prática discursiva psicanalítica. Resta pensarmos que tipo de racionalidade decanta dessa prática, uma vez que este aspecto é inerente a toda relação humana. Penso que a racionalidade muito particular produzida neste contexto é o saber que se constrói no decorrer de uma análise, e também a própria teoria psicanalítica e os referentes interpretantes com os quais o analista conduz o seu trabalho. Os termos dessa racionalidade levam o selo de uma radical experiência de subjetivação, sendo o que marca as vicissitudes próprias do saber psicanalítico. Daí algumas expressões frequentes na área: a psicanálise é um saber que não se sabe; a transmissão da psicanálise exige a experiência de uma análise pessoal e não pode ser garantida nos moldes exclusivos de um estudo acadêmico; não há saber do sexual; e por aí vai... Essas expressões não viriam marcar uma certa racionalidade? Não testemunham algo das condições concretas nas quais é produzida a racionalidade psicanalítica?

Os procedimentos jurídicos

O direito, conforme Ferraz Jr. (1994), tem como objetivo decidir os conflitos sociais com o menor grau de perturbação possível e orientar a ação humana por meio de um procedimento normativo. O tratamento jurídico tornaria os conflitos decidíveis conforme as prerrogativas das normas jurídicas. Estas prescrevem condutas e ligam às condutas opostas uma sanção ou desvantagem, como "a privação de certos bens como a vida, a saúde, a liberdade, a honra, valores econômicos [...]" (Kelsen, 1998, p. 26). As normas jurídicas têm um caráter imperativo, veiculam o dever-ser das condutas humanas por um imperativo de vontade, uma vontade que não é individual, mas, sim, institucionalizada, apta a comandar (Ferraz Jr., 1994). Assim, o direito tem por função controlar o comportamento social dos homens mediante sanções, o que o define como uma ordem coercitiva.

Os conflitos que chegam inicialmente à instância judicial são tidos como "alternativas incompatíveis, mas que, além disso, pedem uma *decisão*" (Ferraz Jr., 1973, p. 45, grifo meu). A tarefa central da prática jurídica é transformar alternativas incompatíveis em alternativas decidíveis. E isso apenas se consegue uma vez que se coloque o conflito nos termos de um conflito jurídico. As partes, ou os litigantes, oferecem seu dilema à coordenação, avaliação e decisão de um terceiro, o juiz, que deve identificar a norma jurídica a ser aplicada ao caso. O conflito confrontado à norma jurídica, ao seu dever-ser, ou seja, aos referentes do tipo lícito/ilícito, permitido/proibido, é o que institui o conflito jurídico e seu correlato, a decisão jurídica. "A institucionalização do conflito e do procedimento decisório confere aos conflitos jurídicos uma qualidade especial: *eles terminam*" (Ferraz Jr., 1994, pp. 312-313, grifo meu).

O autor esclarece que a decisão jurídica é capaz de colocar um fim aos conflitos não porque os dissolve, mas porque os soluciona, impedindo-os de continuar. Assim, o direito cumpriria uma importante função social: a de absorver insegurança gerada pelas alternativas incompatíveis, tornando-as decidíveis e terminando-as mediante o ato decisório do juiz. A absorção de insegurança não decorreria necessariamente da obtenção de consenso entre as partes, o que, aliás, nem precisa ocorrer, embora este seja um resultado almejado. A decisão jurídica não poderia depender disso, o que a postergaria indefinidamente. "Decisões, portanto, absorvem insegurança não porque eliminem o conflito, mas porque o *transformam*" (Ferraz Jr., 1994, p. 312, grifo meu). Transformam "incompatibilidades subjetivas" (outro termo utilizado por Ferraz Jr.) em conflito jurídico, conflito objetivado e institucionalizado por meio da coordenação do juiz, autoridade altamente reconhecida no meio social.

Vamos detalhar agora alguns dos procedimentos discursivos da prática jurídica. Logo que chegam ao campo judicial as partes constituem os seus respectivos advogados, que elaboram as "petições", os "requerimentos", ou seja, os documentos que dão abertura aos "autos do processo" (calhamaço que contém todos esses escritos). Tais documentos apresentam o conflito das partes já disposto nas estratégias de defesa e/ou acusação, e segundo uma linguagem muito peculiar. Há uma "descrição" do conflito das partes nos termos jurídicos. Porém, essa "descrição" não resulta de uma tradução pura e simples, como se houvesse uma clara equivalência entre cada termo da linguagem mundana, a partir da qual os litigantes expressam seus conflitos, e os termos da linguagem jurídica, através da qual conversam os profissionais do direito. A "descrição" do conflito das partes, que a rigor culmina com a decisão do juiz, constitui, afinal, o cerne da prática discursiva jurídica.

O jargão jurídico é bastante específico e requer profissionais preparados para o seu manuseio: advogados, promotores e juízes. Afinal, as comunicações judiciais são dotadas de muita formalidade, seguem rituais e protocolos característicos, e se fundamentam em uma terminologia técnica. A ação judicial se compõe, então, de petições das partes e deferimentos do juiz, e também de audiências – ocasiões em que as partes, acompanhadas ou não dos advogados, se apresentam ao juiz, devendo responder às suas perguntas, bem como se posicionarem acerca da causa judicial. Além disso, para obter os recursos de seu julgamento, o juiz muitas vezes solicita a obtenção de provas jurídicas, dentre elas, por exemplo, a perícia psicológica judicial. A prova jurídica é, na realidade, uma exigência na própria constituição do discurso judicial, sendo um dos seus elementos constantes e não apenas uma requisição pontual do juiz. Basta observarmos as "alegações" das partes, formação discursiva estruturada de modo a apresentar provas do que se afirma.

A situação comunicativa judicial prevê/estabelece posições e lugares determinados aos seus interlocutores. Assim como a regra da associação livre é o paradigma da prática clínica psicanalítica, temos, no caso da prática jurídica, a "regra da exigibilidade". Miguel Reale apresenta com muita clareza essa regra discursiva do direito, na qual se exige que as partes se comuniquem, quando por algum motivo uma delas ou as duas se recusam a emitir e receber informações, voluntária ou involuntariamente (Reale, 1972; Ferraz Jr., 1973). A recusa à comunicação é uma das causas que justificariam a ação judicial. Quando ingressam no âmbito judicial, as partes são obrigadas a se levarem em conta, e também a se colocarem, exporem seus motivos, queixas, acusações e defesas, oferecendo-as à apreciação de um terceiro, o juiz. Assim, a posição de parte é uma posição ativa e reativa, é "partidária" mas também "cooperativa", pois considera o que a outra parte formula na comunicação.

A regra da exigibilidade se constrói em uma situação comunicativa em que as partes são destituídas da tarefa de decidir sobre seus próprios conflitos, uma vez que esta é a função do juiz. Conforme Ferraz Jr. (1973, p. 70), "Nos procedimentos judiciais, por exemplo, constitui-se uma situação em que, primordialmente, se garante que os conflitantes não decidam eles próprios sobre o conflito, mas assumam o papel de partes, atribuindo-o mutuamente, o que cria, então, as condições de decidibilidade do conflito". A posição do juiz caracteriza-se, portanto, pela assunção da tarefa decisória; seus atos têm um caráter normativo e sancionador.

Outra característica da posição discursiva do juiz refere-se à propriedade de fazer com que o conflito seja suspenso e mantido ao mesmo tempo, "[...] o que dá tempo para que seja discutido" (Ferraz Jr., 1973, p. 68), pois instaura uma temporalidade específica no andamento da comunicação. Trata-se dos recursos de prazo, dos estabelecimentos de tempo em que a emissão fica separada da recepção por longos períodos. Assim, uma parte se manifesta por meio de petição e dias se passam até que a outra parte formule sua resposta, ou até que o juiz defira sobre o que foi juntado. De modo geral, o tempo que marca os processos judiciais é referido como um tempo lento. Além disso, não há atropelos de fala, exceto nas audiências, eventualmente, quando a discussão pode ficar acalorada. Mesmo assim, o juiz não permite que isto se prolongue, sendo esta uma regra da comunicação judicial.

Ferraz Jr. atribui ao discurso dos profissionais do direito (advogados, promotores e juízes) o caráter de "objetividade", pois eles "falam o direito", enquanto que as partes "falam os fatos", sendo o seu discurso marcado pela "subjetividade", sobretudo porque, para elas, a comunicação judicial não é rotina, o que lhes confere uma certa "insegurança" (Ferraz Jr., 1973, p. 80).

Análise de um dispositivo central da função normativa jurídica

Os procedimentos jurídicos visam encontrar as condições de decidibilidade no processo de construção do conflito jurídico. A subsunção do conflito à norma jurídica é o que constitui o conflito jurídico, conflito decidível.

Pois bem. Gostaria de demonstrar que a operação central nos procedimentos jurídicos define-se por uma racionalização e objetivação do discurso conflitivo das partes, acompanhada de uma intensa "dessubjetivação do discurso, do qual resulta o conflito jurídico. Entretanto, é preciso considerar que, a rigor, não há conflito humano definitivamente dessubjetivado. Toda e qualquer experiência humana comporta uma subjetividade particular, de modo que o termo dessubjetivação não implica ausência de subjetividade. Assim, utilizo o termo no sentido de que o conflito jurídico é processado na condição de um drástico afastamento de suas condições afetivas originárias, de seus parâmetros de singularidade, e pela forte racionalização dos seus termos. Tal resultado é tão vigoroso nos procedimentos jurídicos que decidi referi-lo como "dessubjetivação". Depois veremos que tipo de subjetividade é processada nessa prática discursiva.

Na pesquisa que deu ensejo ao presente texto, trabalhei esta ideia a partir dos seguintes pontos: atribuição do próprio discurso à responsabilidade de um outro; aplicação da questão conflitiva à norma jurídica; instauração de uma temporalidade que afasta a emissão e a recepção dos discursos; exigência do "dever de prova"; e transferência do ato decisório. Estas seriam algumas operações discursivas do direito que colaborariam com a construção do conflito jurídico, mediante seu afastamento das condições subjetivas originárias. Assim, por exemplo, a nomeação dos advogados como porta-vozes legais promove às partes a situação dominante, no âmbito judicial, de não falarem sobre si e entre si, diretamente. O discurso das partes deve ser referido nos termos do jargão jurídico e compor uma estratégia de defesa e/ou acusação, trabalho realizado pelos chamados operadores do direito. Ora, esse processo implica às partes uma certa desapropriação do próprio discurso. Além disso, o que foi trazido inicialmente pelas pessoas deve ceder ou ajustar-se às intenções em jogo, à trama que vai se estabelecendo no processo. A direção dada a uma defesa jurídica pode mudar em função de novas alegações da parte contrária, ou dos deferimentos do juiz. Desse modo, ainda que relativamente, as partes atribuem seus discursos à responsabilidade de um outro. E tudo pela causa... judicial!

Podemos observar, também, a exigência instituída ao discurso dos litigantes no sentido de se conformar aos aspectos objetivos e racionais que compõem a linguagem normativa. O discurso das partes é confrontado às normas jurídicas, que o coloca em referência aos esquematismos do tipo lícito/ilícito, permitido/proibido. Neste processo, os aspectos singulares do discurso conflitivo das partes são "re-alocados" ou "trabalhados", para se adaptarem à estrutura lógico-racional própria das normas jurídicas. Nas palavras de Ferraz Jr. (1973):

> Vê-se por aí o caráter específico do discurso jurídico e sua técnica de tratamento de problemas, que permitem a apresentação como corretas de decisões obtidas de premissas e informações que eram mais ou menos obscuras, inseguras ou discutíveis. [...] O discurso jurídico, nestes termos, torna objetiva a dimensão comunicativa subjetiva em que os partícipes da discussão se encontram... (p. 71).

A dimensão subjetiva da comunicação vem referida pelo autor com os termos "obscura, insegura e discutível", e a dimensão objetiva com os termos "decisões apresentadas como corretas". Assim, aplicar a questão conflitiva à norma jurídica é tornar objetiva a comunicação subjetiva das partes. E isto se faz na prática jurídica às custas de dessubjetivar o conflito inicialmente trazido pelos litigantes, retirá-lo das condições obscuras e inseguras, ou seja, conforme pude observar a partir de perícias psicológicas judiciais, retirá-lo do contexto afetivo que define as condições singulares em que foi erigido.

Outro dispositivo jurídico, nessa linha, é a exigência ao "dever de prova" a que é submetido o discurso das partes. No âmbito do processo, as alegações devem submeter-se ao dever de prova. O sistema jurídico define os procedimentos racionais e os recursos para a obtenção de provas, bem como os prazos para isto. Assim, há conflitos que são permitidos, pois se baseiam em premissas devidamente provadas, e conflitos que não são permitidos, pois suas premissas não foram provadas. O juiz

> [...] é quem garante a seriedade do conflito, fazendo do discurso um discurso racional, aquele em que as questões (no caso, conflitivas) não são fortuitas, mas se acham determinadas pelo dever de prova: elas ocorrem apenas em relação a uma conexão compreensiva existente. [...] Um conflito levado a sério, nestes termos, significa, pois, que nem tudo pode ser conflito [...] (Ferraz Jr., 1973, pp. 67-68).

Ora, podemos observar que o dispositivo jurídico do dever de prova realiza, entre outras coisas, uma "varredura" dos aspectos considerados mais subjetivos na questão litigiosa. Os elementos muito pessoais da interpretação das partes acerca do que ocorre deverão processar-se segundo os mecanismos racionais da instância jurídica, e se não "resistirem" ao dever de prova não encontram trâmite no processo judicial. Agora, reparemos nos termos do jurista, na citação anterior. O dever de prova aparece como um certo tratamento dado às questões conflitivas, garantindo que estas não se coloquem como "fortuitas" e adquiram "seriedade", uma vez que processadas em "discurso racional". Com as citações desse autor até aqui, temos então uma interessante equação: a subjetividade carreia os termos *obscuro*, *inseguro*, *discutível* e *fortuito*, ao passo que a objetividade se alinha com os termos *decisão tida como correta*, *discurso racional* e *seriedade*.

Dentre outras coisas, a operação jurídica constrange o processo de implicação pessoal na reflexão sobre os conflitos vividos pelos sujeitos, e pudemos constatar que isto se constrói no próprio texto da teoria jurídica, com os adjetivos ligados aos aspectos da subjetividade. Haja vista as colocações de Sampaio Ferraz Jr., instaurando uma crise desses aspectos implicados na comunicação, o direito procura justamente (ao modo da justiça) alcançar seus intentos: decidir os conflitos sociais com o menor grau de perturbação possível por meio de um procedimento normativo. Porém, adotando um raciocínio foucaultiano, o resultado institucional não deve ser considerado em sua exclusiva negatividade, mas também em seu aspecto produtivo, sendo o que justifica a reprodução e a legitimação das práticas do direito no decorrer da história humana. Vamos ponderar, tal como fizemos em relação às práticas psicanalíticas, que não há conflito humano definitivamente dessubjetivado, e com isso ressituar as nossas reflexões sobre o direito. Trata-se de entender que a subjetividade se instaura em uma prática que promove uma intensa racionalização e dessubjetivação dos conflitos. Penso que essa particular subjetividade diz respeito à experiência de uma regulação social partilhada sobre as conflitivas de cada um. Assim, a própria construção das normas jurídicas indica e é, ao mesmo tempo, produto/produtora da subjetividade em questão.

Aqui também, nas práticas jurídicas, podemos entrever o selo dessa subjetividade referendado no seu modo de produção institucional. Em um jogo de palavras que me parece divertido, comparando os procedimentos da psicanálise e do direito, penso que no primeiro caso a objetividade que emerge poderia ser dita (e de fato o é, pelos psicanalistas) como um saber que não se sabe, enquanto, no segundo caso, a subjetividade que emerge poderia ser dita como um não saber que se sabe.

Considerações finais

A psicanálise e o direito, práticas opostas em muitos aspectos, se aproximam ao menos neste ponto: ambas procuram colocar o conflito que se apresentam a elas nos termos de um novo conflito, a ser fabricado pelos próprios dispositivos institucionais, conflito este que se quer ter na propriedade singular de termináveis. Para tal, mobilizam procedimentos que impõem condicionantes aos discursos dos sujeitos, que os transformam, os restringe em determinados aspectos e estimula-os em outros, força-os em certa direção, compondo um jogo institucional de reconhecimentos e violência.

Os procedimentos psicanalíticos instituiriam uma certa crise dos referentes de objetividade na relação transferencial, daí emergindo a neurose de transferência, conflito interpretável pelos recursos da escuta analítica. Por sua vez, os procedimentos jurídicos instituiriam uma crise nos parâmetros subjetivos que compõem o conflito trazido inicialmente pelas partes, afastando-o de suas condições afetivas originárias, obtendo assim o conflito jurídico, conflito objetivado pela aplicação das normas jurídicas e que permite a decisão jurídica.

Estas reflexões esclarecem alguns aspectos das cenas transferenciais genéricas (conceito apresentado por Guirado, 2000) de ambas as práticas discursivas, tema que não desenvolverei no presente texto. Vale dizer que a cena transferencial genérica[5] apresenta um quadro mais pormenorizado das posições e lugares assumidos pelos agentes institucionais, que determina fortemente o que será produzido por eles. E esse quadro pode ser muito útil na análise dos casos singulares da clínica psicanalítica e da prática judicial, bem como

[5] Hoje não trabalho mais com a noção de transferência genérica, tal como Marlene Guirado a define. Ver nota de rodapé número 2 na p. 185.

na análise de atividades híbridas que implicam a psicanálise e o direito. No mais, a cena transferencial genérica informa sobre algo que me interessa particularmente: junto dos objetivos institucionais, as referidas práticas produzem, cada qual, uma experiência de subjetividade. Que sujeito emerge dessas práticas e quais as estratégias discursivas no seu engenho são questões nada distantes dos problemas concretos que nos colocam, tanto a psicanálise como o direito.

Referências

CAFFÉ, M. *Psicanálise e direito:* a escuta analítica e a função normativa jurídica. São Paulo: Quartier Latin, 2003.

FERRAZ JR., T. S. *Direito, retórica e comunicação*. São Paulo: Saraiva, 1973.

_______. *Introdução ao estudo do direito:* técnica, decisão, dominação. São Paulo: Atlas, 1994.

FREUD, S. (1899) Lembranças encobridoras. In: *Edição Standard Brasileira das Obras Psicológicas Completas*. Rio de Janeiro: Imago, 1996; v. III.

_______. (1900) A interpretação de sonhos. *Op. cit.*, v. IV.

_______. (1912a) A dinâmica da transferência. *Op. cit.*, v. XII.

_______. (1912b) Recomendações aos médicos que exercem a psicanálise. *Op. cit.*, v. XII.

_______. (1914) Recordar, repetir e elaborar. *Op. cit.*, v. XII.

_______. (1915) O inconsciente. *Op. cit.*, v. XIV.

_______. (1919) Linhas de progresso na terapia psicanalítica. *Op. cit.*, v. XVII.

_______. (1923) Dois verbetes de enciclopédia. *Op. cit.*, v. XVIII.

GUIRADO, M. *Psicanálise e análise do discurso:* matrizes institucionais do sujeito psíquico. São Paulo: Summus, 1995.

_______. *A clínica psicanalítica na sombra do discurso:* diálogos com aulas de Dominique Maingueneau. São Paulo: Casa do Psicólogo, 2000.

KAUFMANN, P. *Dicionário enciclopédico de psicanálise:* o legado de Freud e Lacan. Rio de Janeiro: Jorge Zahar, 1996.

KELSEN, H. *Teoria pura do direito*. São Paulo: Martins Fontes, 1998.

LACAN, J. *Os quatro conceitos fundamentais da psicanálise (livro 11)*. Rio de Janeiro: Jorge Zahar, 1988.

MILLER, J.-A. *Percurso de Lacan:* uma introdução. Rio de Janeiro: Jorge Zahar, 1987.

REALE, M. *Filosofia do direito*. São Paulo: Saraiva, 1972.

ROUDINESCO, E. & PLON, M. *Dicionário de Psicanálise*. Rio de Janeiro: Jorge Zahar, 1998.

8.

Memória: a construção de uma narrativa[1]

Como compreender a constituição da realidade psíquica, tal qual ela se revela no funcionamento da memória? Tomarei uma perspectiva nessa reflexão, a de como se articulam ficção e realidade na construção histórica particular de cada sujeito, procurando entender em que base de objetividade a referida construção se assenta, conforme se nos mostram os caminhos da memória. Será interessante considerarmos, em certos momentos, os vínculos estabelecidos na clínica psicanalítica, uma vez que eles operam uma (re)construção mnêmica em condições muito ilustrativas. O contexto analítico não delimitará, porém, o nosso foco de atenção; privilegiarei nos seus aspectos apenas o que nos interessa diretamente, ou seja, o encontro entre sujeitos que produzem uma história. Tal será o paralelo buscado na clínica, com

1 Publicado originalmente na revista *Percurso* (ano VII, n. 13, pp. 17-27, 1994).

vistas a pensarmos as demais situações que se configuram fora dos seus limites.

No início de sua obra, com o pequeno texto "Lembranças encobridoras", Freud (1899)[2] ocupou-se do tema da memória com extraordinária originalidade. Os seus elementos constituirão o nosso ponto de partida. Talvez mais que isso: o nosso roteiro. No referido estudo, Freud elegeu particularmente a lembrança encobridora como objeto de investigação. Decidiu discutir o tema na forma de um diálogo entre duas pessoas, que sabemos tratar-se dele mesmo, em que se alternam – não dialeticamente – afirmação e negação da autenticidade da lembrança encobridora; afirmação e negação da objetividade preservada na constituição da memória. Essa objetividade é entendida no texto como indício pelo qual se garante que o fato lembrado é o fato acontecido em sua realidade material. Em *Lembranças encobridoras*, o próprio estilo da escrita (diálogo) expressa mais do que um recurso didático; expressa também a discussão interna de Freud a respeito do assunto, suas dúvidas e sua procura por um conceito de objetividade compatível com suas reflexões sobre a formação da memória.

Desse modo, Freud é levado a perguntar-se sobre o estatuto de objetividade, veracidade ou autenticidade presentes na construção da realidade psíquica. É bem certo que não formula prioritariamente essa questão. Antes, no interior de

2 Neste trabalho, os textos de Freud em edição espanhola serão citados conforme a tradução da autora para o português.

sua reflexão, é conduzido irremediavelmente a ela, explicitando-a claramente no final do texto, configurando, ainda que em termos não muito claros, a crise do conceito positivista de objetividade e substituindo-o por outra referência. Não há rigor no trato metodológico do tema e, inclusive, algumas contradições se fazem presentes em seu pensamento, produzindo as brechas onde justamente procuro desenvolver meu texto.

Os impasses do diálogo freudiano constituem o campo do presente trabalho. No trato com os mesmos, buscarei auxílio em um texto de Walter Benjamin (1985), "O Narrador: considerações sobre a obra de Nikolai Leskov", de onde recolheremos os dados sobre como se sucederam na história da Literatura as formas de expressão próprias à narrativa, ao romance e à notícia. O autor esclarece os diferentes contextos das relações humanas que geraram esses estilos de comunicação. Em cada um deles, encontrará certa concepção vigente de verdade histórica e de memória, certa relação estabelecida entre os fatos e a interpretação destes, enfim, modos particulares de se viver e *contar* a realidade. Quero entender que a excursão sobre esse território novo poderá lançar-nos com dados igualmente novos ao texto de Freud, possibilitando-nos resgatar os seus impasses em outras bases, sem perder de vista o horizonte psicanalítico.

Memória e realidade psíquica

Por ora, acompanhemos Freud em seu texto de 1899. Percebemos aí que não só os esquecimentos são sintomáticos. Toda a gama de lembranças, das quais nossa consciência é capaz de recordar-se, mostra-se também como construção interessada, produto de soluções de compromisso entre exigências internas conflitivas. O que se lembra e o que não se lembra contam, na verdade, e de formas diferentes, a mesma história. Em "Lembranças encobridoras", o trabalho com os conceitos de tempo e espaço subjetivos, história, memória e verdade busca definir, em última instância, uma noção de *realidade psíquica*. Esta é a questão que se depreende do texto. O que se passa no movimento mesmo da memória, em seus registros constantemente reinterpretados, revela, antes de tudo, o processo complexo e imbricado da construção psíquica.

Freud parte de algumas observações importantes acerca da memória. Constata que frequentemente as recordações que o adulto guarda de sua vida infantil anterior aos 6 ou 7 anos são raras e fragmentadas. O esquecimento de grande parte dos fatos que provocaram, naquela época, profundas impressões e marcas no psiquismo define, assim, o fenômeno da amnésia infantil. Curiosamente, ao lado desse esquecimento acham-se, referidas à primeira infância, recordações de vivências insignificantes e indiferentes, aparentemente de pouco valor para a história pessoal. Como explicar esse paradoxo? A criança pequena teria poucos recursos intelectivos para um adequado registro mnêmico, daí as lacunas da memória? Haveria, na constituição da memória, uma relação pouco definida ou inexistente entre a importância psíquica de uma vivência e sua aderência à memória, daí as lembranças de fatos insignificantes?

Freud refuta essas hipóteses e propõe um novo modelo de interpretação dos fatos, no qual as recordações infantis indiferentes guardariam relações essenciais com aquelas reprimidas, de conteúdos importantes. Na realidade, estariam encobrindo o sentido destas últimas na tentativa de trazer à consciência alguns de seus aspectos. Freud privilegia a investigação dessa categoria de lembranças, que denomina lembranças encobridoras, por entender que a sua análise esclarece importantes mecanismos da constituição da memória. Conclui, a esse respeito, que na origem de toda lembrança encobridora está sempre uma lembrança infantil, reprimida em função do conflito psíquico que a sua recordação veicula. A lembrança infantil torna-se lembrança encobridora por meio de deslocamentos que são dados nos caminhos das cadeias associativas, nas quais conteúdos ou representações guardam, entre si, certas relações de similitude ou contiguidade. A fórmula "conflito, repressão e deslocamento" é a síntese proposta por Freud na explicação desse processo (o que, aliás, também se aplica aos sonhos, sintomas neuróticos e outras formações substitutivas). Temos, finalmente, que o verdadeiro sentido da lembrança encobridora não se deve ao próprio conteúdo e, sim, à sua relação com outro conteúdo que está reprimido.

Sobre as características da lembrança encobridora, no intuito de defini-la mais claramente enquanto categoria específica das lembranças da memória, ainda é preciso dizer que as impressões insignificantes ou indiferentes de que ela trata aparecem, via de regra, em cenas muito breves e carregadas de detalhes da percepção sensorial, em uma linguagem plástica e visual, provocando, no sujeito que as evoca, um vivo sentimento de realidade. Essas cenas, segundo Freud, são o resultado de um trabalho psíquico que se aproveita da recordação de certos fatos reais e os mescla com fantasias reprimidas. Algo desses "certos" fatos ocorridos serve aos propósitos da fantasia e é por isso que a lembrança os elege. Os resultados híbridos entre fantasia e realidade nos impediriam de afirmar que a cena lembrada é autêntica? Freud se esforça para manter salvaguardadas as condições objetivas e reais do acontecido registrado na lembrança encobridora. Ele está muito preocupado com a autenticidade da recordação e pretende defendê-la. Porém, seu movimento no texto é *ambíguo* a esse respeito pois *também* salienta o trabalho criativo de distorção e transformação do real posto em marcha pelo sujeito na constituição de sua memória, com o fim de solucionar os problemas gerados por exigências internas conflitivas. O texto de Freud não dá conta, nesse ponto, de integrar satisfatória e claramente as duas afirmações acerca da veracidade da lembrança encobridora.

Outras considerações importantes sobre a memória em sua dimensão temporal e histórica são desenvolvidas ao final do texto. Freud fala em recordações encobridoras regressivas e progressivas, conforme a relação temporal estabelecida entre a lembrança encobridora e o conteúdo reprimido que ela oculta. Assim, as regressivas são aquelas cujos conteúdos reprimidos se referem a épocas posteriores à lembrança encobridora, enquanto que no caso das progressivas, o conteúdo mais importante para a memória situa-se cronologicamente em uma época anterior à lembrança.

Temos, aqui, uma dinâmica temporal da memória que foge muito aos preceitos da lógica formal linear. O presente atua sobre o passado, ressignificando-o, transformando-o e conferindo-lhe um sentido novo. Não se trata mais da memória construída no contexto fatual e cronológico da história, produto da realidade material; trata-se, sim, da memória construída nas malhas de um tempo-espaço subjetivos, onde o fato vivido é, enquanto vivido, interpretado e, por isso mesmo, circunscrito na ordem da ficção. A esse respeito, vale a pena citar na íntegra as palavras com que Freud (1899) encerra seu texto:

> Esta descoberta diminui aos nossos olhos a distância que supúnhamos existir entre as lembranças encobridoras e as demais lembranças da infância. Chegamos a suspeitar que todas as nossas lembranças infantis conscientes nos mostram os primeiros anos de nossa existência, não como

> foram, mas como nos pareceram no momento de evocá-las, em épocas posteriores. Tais lembranças não têm emergido, como se diz habitualmente, nestas épocas, senão que têm se formado nelas, intervindo nesta formação e na seleção das lembranças toda uma série de motivos muito alheios a um propósito de fidelidade histórica (p. 341).

Ora, direis, contar histórias...

Deixemos de lado, por um momento, o assunto específico tratado até aqui. Para introduzir nosso outro autor, pensemos que a experiência de contar histórias aparece como necessidade humana em todos os tempos. Nas formas da mitologia, filosofia, religião, ciência, literatura... de qualquer maneira e de certas maneiras, o homem comunica a si próprio, na medida em que comunica aos outros, o processo de suas vivências e elaboração das mesmas. Com isso, além de outras coisas, situa-se no mundo humano criando identidade humana. Criando, em última (ou primeira) instância, *linguagem*.

Walter Benjamin, em "O Narrador. Considerações sobre a obra de Nikolai Leskov" (1985), busca na Literatura uma expressão dessa linguagem, analisando alguns de seus produtos conforme revelam as mentalidades e os modos de produção econômica de suas épocas. É assim que nos faz ver a narrativa, o romance e a notícia como formas de comunicação privilegiadas, cada uma delas, em momentos históricos determinados. O que nos diz o autor?

Em nossos dias, são raras as pessoas com a habilidade genuína de narrar histórias. Em uma expressão de Benjamin, narrar significa ter a faculdade de intercambiar experiências, e uma das razões para o declínio do narrador talvez esteja na decadência e na desmoralização que sofreu a experiência para o homem moderno. As guerras, a violência das relações de produção capitalista, a economia da inflação, a crise ética e política em suas formas elaboradas de exploração e expropriação humanas... toda a ideologia de uma época configurou, no plano da experiência, a sua crise moral mais profunda. Vivemos, assim, em um tempo pobre de experiências intercambiáveis; os homens duvidam da utilidade, valor ou necessidade de comunicá-las.

Atentemos, pois, à narrativa. Ela traz consigo a tradição da comunicação oral e veicula a troca, o compartilhar de vivências; sua fonte é a experiência que passa de pessoa a pessoa. Benjamin evoca o sistema corporativo medieval como um contexto especialmente propício à prática da narrativa. Aí, mestre e aprendiz teciam suas histórias conforme dedicavam-se ao trabalho manual não alienado e circunscrito em um tempo muito diferente daquele contado nas empresas capitalistas.

Para Benjamin, o narrador possui a habilidade de dar conselhos.

> Mas, se "dar conselhos" parece hoje algo de antiquado, é porque as experiências estão deixando de ser comunicáveis. Em consequência, não podemos dar conselhos nem a nós mesmos nem aos outros. Aconselhar é menos responder a uma pergunta que fazer uma sugestão sobre a continuação de uma história que está sendo narrada (*Op. cit.*, p. 200).

E o conselho advindo no campo da verdadeira relação de troca humana constitui sabedoria. Além disso, um outro traço da narrativa é o fato de que a história contada não traz nela mesma a interpretação no sentido psicológico. O ouvinte é livre para significá-la propriamente. Exatamente por isso, "nada facilita mais a memorização das narrativas que aquela sóbria concisão que as salva da análise psicológica" (*Op. cit.*, p. 204). O texto narrado salvo dessa análise pode, assim, perpetuar-se: de um lado intacto, de outro prenhe da *possibilidade* de múltiplas interpretações e, portanto, transformações.

Na relação com o narrador, o ouvinte tanto mais se apropria da história contada, tendo-a fortemente imprimida nele, quanto mais puder esquecer-se de si mesmo. Está aí a qualidade de escuta de que precisa a narrativa, sendo o que, ao mesmo tempo, possibilita o aparecimento do conselho.

Já vimos que no período moderno a narrativa perdeu seu lugar. Floresce, com a ascensão da burguesia, o romance. Seu veículo é o livro, não mais a comunicação oral. O leitor estabelece uma relação solitária com o texto, que figura sempre um herói. "O romancista segrega-se. A origem do romance é o indivíduo isolado, que não pode mais falar exemplarmente sobre suas preocupações mais importantes e que não recebe conselhos nem sabe dá-los" (*Op. cit.*, p. 201). Benjamin cita o herói do primeiro grande romance, D. Quixote, como ilustração disso: impermeável ao conselho, ele se mostra desprovido de sabedoria.

Em seguida, outra forma de comunicação, também oposta à narrativa, provoca no romance uma crise: a informação jornalística. A notícia veiculada na imprensa impõe seu novo estilo com força extraordinária. Conforme Benjamin, apesar de recebermos com frequência notícias de todo o mundo, não possuímos por isso histórias surpreendentes. O caso é que os fatos nos são mostrados já com suas devidas explicações. Assim, no contexto da notícia, a informação deve ser plausível, coerente e autoexplicativa, tão diferente da narrativa, na qual o valor da história narrada está em conceder ao ouvinte as possibilidades da sua interpretação, justificando-se – a história – não como coisa em si, mas como meio de comunicação entre *sujeitos*, instrumento da troca de experiências humanas. Desse modo, quando Benjamin fala do cronista, um narrador da história, em oposição ao historiador, aquele que tenta explicar os episódios de sua ciência, afirma que o primeiro "[...] não se preocupa com o encadeamento exato de fatos determinados, mas com a maneira de sua inserção no fluxo insondável das coisas" (*Op. cit.*, p. 209). Mais uma vez, não é o fato *em si* que importa ao narrador e, sim, o que dele diz respeito a uma trama, a trama da história.

A narrativa é uma forma artesanal de comunicação. Nela está presente a particularidade de quem conta a história. Não é como na informação ou no relatório, nos quais se procura transmitir o "puro em si do fato". A narrativa se presta a outra coisa. Quem conta imprime a sua marca na história; é esse um "ofício manual", segundo Benjamin. Cada narração sucessiva acrescenta algo na história, como a "[...] superposição de uma quantidade de camadas finas e translúcidas [numa imagem de Paul Valéry]" (*Op. cit.*, p. 206). O homem moderno não é afeito a esse trabalho paciencioso, pois, nos termos desse autor, cultiva apenas aquilo que pode ser abreviado.

Porém, também é certo que a cada narração predomina, na relação entre o ouvinte e o narrador, o interesse em *conservar* o que foi narrado. Aqui entra a memória, traçada diferentemente no romance e na narrativa. A memória perpetuadora do romancista é outra que a breve memória do narrador.

> A primeira é consagrada a um herói, uma peregrinação, um combate; a segunda, a muitos fatos difusos. [Em cada narrador] [...] vive uma Scherazade, que imagina uma história em cada passagem da história que está contando. Tal é a memória épica e a musa da narração [...] Em outras palavras, a rememoração, musa do romance, surge ao lado da memória, musa da narrativa, depois que a desagregação da poesia épica apagou a unidade de sua origem comum na reminiscência (*Op. cit.*, p. 211).

Muitas outras coisas nos diz Walter Benjamin em seu texto. Irei interrompê-lo aqui, nessa síntese, pois já temos o bastante.

Diálogo

Vejamos, agora, como podem conversar os textos dos nossos dois autores. Segundo Walter Benjamin, a narrativa enquanto forma de comunicação deixou de ser privilegiada a partir do momento em que as experiências deixaram de ser comunicáveis, intercambiáveis. Parece-me tentador, aqui, o estabelecimento de um paralelo entre essa concepção e aquela traçada por Freud no texto "Lembranças encobridoras". As transformações apontadas por Benjamin, no contexto social da história humana, ilustrariam processos análogos no desenvolvimento psíquico descrito por Freud? Seria a amnésia infantil um sintoma da incapacidade do sujeito adulto *narrar* (nos termos benjaminianos) a sua própria história?[3] Quais seriam as experiências que um sujeito, em determinado momento, se veria impedido de comunicar? As lembranças infantis, ocultas pela amnésia infantil, tornar-se-iam lembranças encobridoras na mesma medida em que a

3 Sublinho os termos benjaminianos, pois sei que na concepção analítica a narrativa de que é capaz um sujeito se define sob formas muito amplas: quando não pode *falar*, ainda assim comunica a própria história por meio dos sonhos, sintomas neuróticos, atos falhos etc.

notícia informativa tornou-se o substituto da narrativa em um tempo de "experiências incomunicáveis"? Seriam, afinal, esses paralelos legítimos?

Não gostaria de propor essas questões com vistas a uma abordagem sobre a ontogênese e a filogênese do desenvolvimento humano. Busco apenas iniciar um diálogo entre os dois textos citados. Estou atenta, no momento, ao raciocínio ou à lógica interna do texto benjaminiano em relação ao freudiano. Retomarei aquelas questões mais adiante. Por ora, voltemos à definição de narrativa proposta por Benjamin.

A narrativa vem circunscrita em um contexto muito especial e definido: a relação humana dialógica, aquela típica entre os artesãos em seus ofícios na época medieval. A narrativa se constrói à medida que há um ouvinte, que se esquece de si mesmo para poder *mergulhar* profundamente na história narrada, e um narrador, que dá e que espera obter conselhos sábios. Assim, será tanto mais autêntica quanto mais estiver calcada na comunicação oral. Como vemos, para Benjamin, o que constitui a narrativa não é apenas a história contada, mas, também, toda trama de uma relação humana construída para comportá-la. É preciso uma história. É preciso uma escuta. É preciso um trabalho de troca de experiências, e daí nasce a possibilidade do conselho.

Não é necessário muito esforço para notar que, aqui, vamos nos aproximando diretamente dos assuntos tratados por Freud. Agora, mais das suas definições sobre a natureza do processo analítico. Em "Lembranças encobridoras",

Freud trata de discutir a constituição da memória e evoca a situação analítica como contexto propício ao estudo. Elegi também a situação analítica como uma ocasião exemplar em que o processo dessa construção se faz (ou refaz) claro. O que acontece aí?

Em seus textos técnicos de 1912 a 1914, Freud define, de acordo com a primeira tópica, a natureza e a delimitação do que chama tratamento analítico. Paciente e analista submetem-se à regra fundamental da associação livre e da atenção flutuante, respectivamente. O paciente deve falar tudo aquilo que se lhe apresenta à consciência, abstendo-se ao máximo de qualquer juízo ou objeção lógica que o leve a selecionar ou censurar tais conteúdos, comunicando-os tão logo apareçam. Por sua vez, o analista deve evitar a preocupação de reter as informações do paciente na forma de registros conscientes, segundo parâmetros lógicos e organizados, abandonando-se à sua memória inconsciente; deve, enfim, escutar livremente o paciente, desobrigando-se de qualquer tarefa que o desvie dessa condição. Assim, "[...] o psiquismo inconsciente do médico está capacitado para reconstruir, com os produtos do inconsciente que lhe são comunicados, este inconsciente mesmo que determinou as ocorrências do sujeito" (Freud, 1912, p. 1657). O que significa que o analista pensa com seu inconsciente. Entretanto, não é apenas isso o que define a possibilidade da compreensão analítica.

Freud continua: para que possa sustentar-se na atenção flutuante, o analista deve, entre outras coisas, segundo uma metáfora do autor,

> [...] tomar como modelo durante o tratamento psicanalítico a conduta do cirurgião, que impõe silêncio a todos os seus afetos e inclusive à sua compaixão humana e concentra todas suas energias psíquicas em seu único fim: praticar a operação conforme todas as regras da arte (*Op. cit.*, p. 1656).

Ora, como pode o analista silenciar todos os seus afetos e concentrar seus esforços em um único objetivo se, *ao mesmo tempo*, ele deve subtrair-se à lógica e coerência requisitadas pela memória consciente, evitando reter-se sobre este ou aquele aspecto da fala do paciente, abandonando-se à sua percepção inconsciente, na qual trafegam, por excelência, afetos e desejos? Tomemos esse absurdo ou esse contrassenso nos termos de um interessante paradoxo: segundo Freud, a escuta analítica produz-se em um lugar de ambiguidade, na fabricada intersecção dessas duas posições do analista, devendo este deixar-se pensar com o seu inconsciente, mantendo-se então à "deriva", sem esforços dirigidos, colocando-se no único estado capaz de ser enfim capturado pelo inconsciente do paciente, conhecendo-o e, concomitantemente, adotar uma tal disciplina e racionalidade que o ponha como um cirurgião consciencioso da sua operação, forjando aqui outra forma de contato com aquilo que se lhe oferece o paciente, menos espontânea ou direta e mais mediada por uma intenção planejada, a da "operação". É desde esse lugar, circunscrito justamente entre a racionalidade e a irracionalidade, que o analista escuta.

A técnica da investigação psicanalítica parece pressupor o analista nesse viés perceptivo, o que determina a sua peculiar recepção dos dados do paciente. Face a ela (recepção), os fenômenos de transferência encontrarão destinos muito especiais, configurando a natureza e a possibilidade de uma análise. Interessa-me, nesta breve consideração, ressaltar que no processo analítico a condição particular na qual a transferência é tomada define-se, entre outras coisas, pela qualidade da escuta do analista, esta que Freud descreve no seio de uma ambiguidade.

Continuemos, agora, a discussão entre os dois textos dos quais partimos. O ouvinte de Benjamin, que se esquece de si mesmo para mergulhar na história narrada, pode bem lembrar, em um de seus aspectos, o analista de Freud na escuta permeada pela atenção flutuante. Mesmo com muitas ressalvas, poderíamos enxergar no conselho de Benjamin a propriedade de uma interpretação, segundo Freud. É verdade que, de acordo com Benjamin, o ouvinte "trabalha" internamente a história narrada, buscando o que dela pode ecoar em si mesmo. A partir dessa compreensão – e é dessa compreensão a matéria da sabedoria – formula o conselho, ou seja, sugere uma continuidade para a história que está sendo contada. Se retirarmos do termo "conselho" aquele significado que a modernidade lhe emprestou (o que propõe Benjamin), se retirarmos dele a conotação pejorativa de "dar uma resposta", teremos a qualidade de uma escuta que pode propiciar compreensão. Aí a semelhança entre conselho – nesta nova-velha perspectiva – e interpretação.

Mas a interpretação não se faz *só* desse conselho benjaminiano, se tomarmos a operação da escuta analítica em toda sua extensão. Aqui, nos demais aspectos, distanciam-se o analista e o ouvinte de que estamos tratando. Ocorre que a porção "cirurgião" do analista o resgata de um estado fusional com o paciente. Tendo mergulhado no fluxo inconsciente deste último, o analista deve recuperar-se em uma espécie de silêncio de seus próprios afetos, e isso pode significar recuperar-se em uma posição discriminada em relação ao paciente. Explico. O analista há de silenciar seus afetos justamente para não cumprir aquilo que ele reconhece, na comunicação inconsciente, das demandas e desejos do paciente veiculados na relação transferencial. Nessa posição, o analista encontra outros elementos constitutivos da interpretação, distinta aqui do conselho benjaminiano. Na análise, a parceria na construção de uma narrativa não se faz idêntica àquela tratada por Benjamin no contexto exemplar das corporações de ofício, embora seja possível um paralelo entre elas. Não prosseguirei com o tema da interpretação, que poderá render um outro trabalho. Quero dizer apenas que as últimas considerações demandam uma concepção de inconsciente distinta da que Freud sustenta no estágio de sua obra visitada por nós (referente ao período da primeira tópica); talvez ela se ponha restritiva para o entendimento do que se passa em uma análise. Se pensarmos que nesse contexto o inconsciente é algo forjado no espaço da inter-relação analista-paciente e que, portanto, não há um inconsciente que vai ao encontro de outro, poderemos resgatar esse assunto da interpretação sobre diferentes bases, de acordo inclusive com os termos do presente trabalho.

Apesar das ressalvas, parece possível, em alguns pontos, tomarmos o contexto da narrativa como metáfora do que acontece no processo analítico. Mas qual o interesse dessa metáfora? Ela é útil na medida em que nos traz uma reunião articulada dos temas propostos neste trabalho. Quero privilegiar na narrativa e no processo analítico aquilo de que se constituem: o encontro, a *relação* entre sujeitos que produzem uma verdade, uma história. No seio dessa história reside a memória, também construída, também produto da mesma relação. Aqui, no centro das reflexões está de volta, outra vez, a memória.

Quem conta um conto, o faz sob que ponto?

Uma das principais metas da análise é tornar possível ao paciente a recordação de importantes passagens de sua história que, por razões internas conflitivas, submeteram-se à repressão e ao esquecimento. À medida que as compreende com a ajuda do analista, o paciente deixa de atuá-las para, enfim, tomá-las como recordações, como matéria de possível elaboração consciente. Essa compreensão se constrói no terreno da *relação* entre paciente e analista. Aí, na transferência, a análise pretende a reconstrução de um texto narrativo do sujeito, a narrativa de sua história. Acontece que não é privilégio da análise essa construção se dar em uma *relação*. Observa-se que a história pessoal tal qual o *registro* do sujeito é *sempre* produto das relações estabelecidas com outros, de interpretações próprias e interpretações de outros.

É evidente que o contexto analítico toma de forma muito particular os termos dessa história, conforme já vimos. Porém, quero salientar que não só na análise, mas em qualquer situação, a história do sujeito sempre é elaborada em relação com outros. Assim, *uma* história é sempre uma história *para* alguém e, por isso, a memória resgatada na análise não é só apropriação que o sujeito se faz, mas o faz também *para* alguém.

A memória, em última instância, como expressão da narrativa pessoal, não se revela como arquivo absolutamente original e privado, de consulta exclusiva do sujeito, de construção exclusiva de *uma* subjetividade. Outras subjetividades interferem na construção da memória do sujeito, pois ele é *ser constituído em relação.*

Estamos próximos, agora, da discussão a respeito da objetividade, que nos esclarecerá sobre que bases se constitui a memória, essa expressão da realidade psíquica.

A objetividade tão ambivalentemente procurada por Freud, em "Lembranças encobridoras", talvez se faça legítima não pelas preocupações do cientista positivista (herança da época com a qual se debate), mas pela intuição de que esta questão – a objetividade – tanto mais se questionava na concepção tradicional positivista quanto mais ele, Freud, se aproximava de seu novo conceito de realidade psíquica. No texto, porém, Freud se esquiva do problema. Mesmo assim, os seus vacilos nos permitem ir ao texto de Benjamin para retirarmos destes elementos que possam apontar uma continuidade para essa reflexão. Direi mais tarde de onde surge essa possibilidade no texto de Freud.

A objetividade, no contexto da realidade psíquica, em sentido diferente do positivista, seria o resultado do interjogo de subjetividades. Quando Benjamin retrata a situação em que a narrativa se faz possível, deixa claro que o fascínio da história contada pelo narrador ao ouvinte reside na possibilidade de cada um buscar, ali, uma interpretação própria. No entanto, isto parece não impedir a preservação da história como tal na memória dos homens e a continuidade fiel de seu relato através dos tempos (vimos anteriormente que, para Benjamin, este é um interesse que predomina na narrativa: *conservar* o que foi narrado). Ora, como em meio a tantas interpretações próprias sobrevive a história narrada no decorrer dos tempos? Estou inclinada a dizer que, no plano da realidade psíquica, o interjogo das subjetividades constrói a possibilidade mesma da objetividade. É ele que garante, aqui, a conservação da história, embora saibamos que junto disso outras transformações ocorram, como "camadas finas e translúcidas que se superpõem" à história. Porém, o que não se altera parece ser aquilo que do relato tem o poder de deflagrar muitas e diversas significações no contexto particular da comunicação.

Precisamente porque a condição humana é a de *ser em relação*, a possibilidade de uma total autonomia na interpretação da realidade vivida por cada um é negada ao homem (e não é dessa impossibilidade que, entre outras coisas, nasce a linguagem?). Não fosse por isso, por que cada momento histórico, com suas relações econômicas e políticas definidas, marcaria caminhos claros e tendenciosos para a produção cultural de sua época? Aquilo que *um* sabe ou conhece é sempre aquilo que *outro*, em uma relação plural de cumplicidade, pode significar-lhe. Mas é necessário dizer que essa condição fundante da realidade humana não é limite empobrecedor, porém possibilidade: *possibilidade de articulação das experiências no humano*. É desse movimento que nos fala Benjamin em seu texto. Quais seriam, a partir desse ponto, as consequências para a nossa reflexão sobre a memória?

Quis recuperar o sentido da objetividade como produto da relação entre os homens em sua transformação e interpretação do mundo enquanto lugar e ocasião da experiência humana. Qualquer subjetividade possível acontece, desse modo, apoiada na experiência de uma *relação*. O substrato dessa relação, que confere ao sujeito a base sobre a qual tornam-se possíveis as construções, interpretações e reconstruções de sua realidade interna, constitui-se, na minha opinião, em campo de objetividade.

Assim, ninguém é autor único da própria história. Ela é uma construção que se dá em relações e pelas relações com outros; produto que é de um sujeito que se *deseja* contar de certa maneira e do qual *desejam* que seja contado de certa maneira. Daí que a memória dos anos infantis, em suas lacunas ou em suas lembranças encobridoras, é *também*, mas não só, em certo sentido, legado de um grupo primeiro a que se pertenceu: o grupo familiar de origem. É memória que serve tanto às soluções de compromisso entre instâncias conflitivas internas ao sujeito (tese de Freud em "Lembranças encobridoras") quanto à história que o seu grupo familiar prefere se contar. E talvez resida aí, nessa "verdade" familiar, o estatuto de "objetividade" buscado por Freud na tentativa de explicar a constituição da realidade psíquica.

O critério de objetividade do fato lembrado na recordação encobridora não seria o fato materialmente acontecido, mas, sim, o fato tal como interpretado sob a ótica da *relação* sujeito-pessoas importantes para o sujeito. Mesmo que tais pessoas importantes não tenham vivido o fato juntamente com o sujeito, ainda é certo que este último traga consigo, embora não literalmente, a maneira de conhecer ou explicar o mundo das pessoas com quem se vinculou fortemente nas épocas mais fundamentais da sua constituição.

Aqui se esmaece a fronteira entre o objetivo e o subjetivo, e talvez possa arriscar que nem a subjetividade é a leitura particular de um sujeito a respeito do mundo, totalmente descompromissada com a leitura de um outro; e nem a objetividade é a leitura desse mundo da qual se excluíram as diversas subjetividades. No interjogo dessa equação se engendram não só as leituras dos fatos, mas os próprios fatos tal qual se nos impressionam. Nessa linha, entendemos que o fato materialmente acontecido é já (e sempre) o fato interpretado. *E todo fato interpretado o é no contexto de uma relação* (ainda que falemos de relações introjetadas). A clássica lógica positivista não permite esse raciocínio, uma vez que, em seus termos, a objetividade e a subjetividade operam em estrita contraposição. A crítica à essa concepção nos traz agora outro lugar para a objetividade enquanto critério de verdade ou fidelidade histórica, e esse lugar se funda na experiência compartilhada com outros.

Na construção da memória, chamei de "verdade" familiar o resultado das múltiplas interpretações realizadas pelo sujeito e seus outros mais significativos a respeito dos fatos históricos constitutivos de cada um. Essa "verdade" atua como uma baliza no processo do desenvolvimento psíquico do sujeito, ou melhor: confere a sua possibilidade de tornar-se sujeito, pois pode significar-se, interpretar-se a si mesmo, apenas na medida em que interpreta e é interpretado pelo outro. A esse respeito vale citar Pierre Fédida (1988):

> A origem da cultura está no modo da dotação de um sentido, isto é, na nominação do afeto. Uma criança que grita: tem fome? frio? sede? incômodo no berço? Grito é descarga à espera de uma recepção de sentido. Quando a mãe o entende como de fome – e não de sede, não como frio, e não como de incômodo – repito, quando ela o entende como um grito de fome, pelos atos ou gestos que podem apaziguar a fome da criança, há uma nominação, um ato de nominação, um ato de linguagem e daí se constitui para a criança o que chamamos de afeto. Antes da linguagem não é um afeto. O afeto se constitui pela nominação do outro (p. 51).

A construção de cada narrativa

O interessante é que, no exemplo da lembrança encobridora citada por Freud, estão presentes os dados de uma "verdade" familiar que participa da construção mnêmica particular do sujeito. Freud refere-se a ela constantemente. E é por isso que mencionei anteriormente, neste trabalho, a existência de possíveis brechas no texto freudiano para a ampliação ou superação do problema da objetividade. Na mesma linha, também, afirmei serem os vacilos de Freud o sinal de sua intuição "malformulada" de que o critério de objetividade, em sua nova teoria de construção da realidade psíquica, não poderia ser aquele de concepção positivista.

No movimento interno do texto freudiano, podemos confirmar que a realidade da lembrança, a sua veracidade não está na prova do materialmente acontecido. O fato materialmente acontecido, como vimos, é já o fato interpretado sob a ótica singular de um sujeito que está *situado* – e isso é importante – no lugar mesmo de uma "verdade" familiar. É *dali* que ele produz a sua memória. E isso se pode depreender da análise de Freud sobre a sua lembrança encobridora tal qual ele mesmo narra (para citar um possível exemplo: na lembrança de Freud, o filho pródigo, para quem o pai faz planos, participa de uma constelação de expectativas familiares que se pode traçar com certa particularidade).

Neste instante, proponho a releitura de uma passagem deste trabalho na qual afirmo que a memória serve tanto às soluções de compromisso, entre instâncias conflitivas internas ao sujeito, quanto à história que o seu grupo familiar prefere se contar. Penso que tal afirmação está mesmo contida no texto de Freud, e está exatamente no momento em que ele se pergunta sobre a possível objetividade presente no relato da lembrança encobridora. Ora, se como diz Freud (1899, p. 341), a memória contém "motivos muito alheios a um propósito de fidelidade histórica" e, ao mesmo tempo, conserva em seus produtos algo "em favor da autenticidade da lembrança infantil" (p. 339), como haveremos de escapar a essa contradição senão abrindo mão do paradoxo positivista e tomando, dentro das possibilidades mesmas do texto, outra referência filosófica que já está anunciada pela ambiguidade do autor? Pareceu-me que o texto de Benjamin citado neste trabalho pudesse, no diálogo com a ambiguidade de Freud, esclarecer a reflexão sobre a questão da objetividade. Benjamin a contextualiza enquanto construção humana, e não enquanto dado *a priori* de um real depurado de subjetividade. Com isso, de volta ao texto freudiano, a objetividade ali referida só poderia ser o resultado construído em uma novela familiar. Essa novela o sujeito singulariza a seu modo, negando-a, afirmando-a ou transformando-a, dialeticamente, no interjogo das relações que estabelece, a cada momento, com os outros aí implicados. Uma boa ilustração desse movimento nos dá Freud, no texto, com a análise de sua lembrança encobridora.

Até agora, abordei na questão da memória individual os mecanismos de uma construção que tem como referência as produções do contexto familiar e social em que se insere o sujeito (e as quais também determina). Algumas questões se colocam neste momento ao presente trabalho: o que determina a singularidade ou a particularidade com que cada sujeito lida com esse universo de relações e significações, de cuja construção participa também ativamente, que é a "verdade" familiar? O que faz com que seja possível ao sujeito romper com a literalidade (embora nunca com o fundamento) dessa verdade para sustentar-se em uma versão própria de sua história? O que, afinal, lhe confere a possibilidade de tornar-se sujeito histórico de uma narrativa própria? Dito de outra maneira: o que, do lugar que ocupa na constelação da "verdade" familiar *o remete* ao caminho singular de sua vivência e interpretação daquilo que outros e ele mesmo construíram? Lembremos que a singularidade aqui referida não deve negar, de forma alguma, os fundamentos ou a existência como tal da "verdade" familiar. Ou melhor, não lhe pode ser indiferente. Mais do que isso, a singularidade só se faz singularidade à medida que se refere, no seu modo particular, a algo cuja produção pode ser compartilhada.

Aqui, parece, retomamos o tema inicial do trabalho, privilegiando, agora, outro prisma da mesma reflexão. A questão é *o que sustenta* todo o trabalho singular do sujeito na construção permanente de sua memória. Sobre isso não há dúvidas no pensamento freudiano, e sim sua maior e mais clara contribuição no que se refere à constituição da realidade psíquica. A força diretriz dos desejos inconscientes intervém na versão singular do sujeito a respeito de sua narrativa, e a memória não é senão o que, para o sujeito da "verdade" familiar e de outras verdades construídas em relações subsequentes, cumpre os desígnios do seu desejo. A formação da lembrança encobridora é guiada justamente por esse processo (o que nos revela claramente a sua análise): a significação interessada de uma história a partir dos desejos inconscientes do sujeito.

Mas se a memória de um sujeito é a expressão particular de uma "verdade" familiar que organizou (e organiza) a constituição desse sujeito bem como a do grupo familiar; se a singularidade dessa narrativa advém de uma certa trama particular de desejos inconscientes, que pretende sempre comunicar essa história segundo as suas conveniências, temos que a singularidade na constituição da realidade psíquica é dada por uma característica muito especial do desejo e de sua natureza inconsciente: *a de fugir a determinações*. A esse respeito, lembremos que o inconsciente é aquilo que escapa, que não se captura, que é fugidio, que está lá onde não se está...

Podemos concluir que a constituição da realidade psíquica foge, como decorrência de sua natureza, a determinações conceituais precisas sobre si mesma... ou talvez até às imprecisas. À segurança e ao conforto (inconsistentes, como vimos), previstos na concepção positivista da realidade, opõe-se-lhes a imprecisão da psicanálise. *Não* imprecisão pela falta de alcance ou pela superficialidade com que este último modelo teórico aborda a questão; *não* imprecisão pela falta de rigor metodológico. Ao contrário, imprecisão inferida na reflexão contundente e consequente da natureza mesma do que se resolveu chamar realidade, esse conceito cuja formulação o *homem* procura. E se é o homem a procurá-la, o é nas condições de um aparelho psíquico cujo funcionamento não lhe é possível, a si mesmo, controlar ou guiar de forma absoluta.

O desequilíbrio e desconforto psíquicos – mas também a vitalidade e produção criativa – provocados por aquilo que não se sabe, ou não se é dado a controlar, apanhar, prever... revelam o objeto da psicanálise: o desconhecer. O registro privilegiado desse processo é, no desenvolvimento psíquico, a operação da memória... A memória *desconhece* precisamente na medida e no momento em que procura *conhecer*.

Referências

BENJAMIN, W. O narrador. Considerações sobre a obra de Nikolai Leskov. In: *Obras escolhidas:* magia e técnica, arte e política. São Paulo: Brasiliense, 1985; v. 1.

FÉDIDA, P. *Clínica psicanalítica*: estudos. São Paulo: Escuta, 1988.

FREUD, S. (1899) Los recuerdos encobridores. *Obras Completas de Sigmund Freud*. Madrid: Biblioteca Nueva, 1981, Tomo I.

_______. (1912) Consejos al medico en el tratamento psicoanalitico. *Op. cit.*, Tomo II.